개인 투자자는 모르는

투자의 감춰진 진실

저자 | 빗진

개인 투자자는 대부분 잃는다.

머리말 첫마디부터 이런 얘기를 하는 이유는 이것이 투자시장을 관통하는 진실이기 때문이다. 이 진실은 투자시장이 형성된 이후 수백 년간 변하지 않았고, 앞으로도 영원히 변하지 않을 것이다. 또한 내가 투자를 시작하는 사람에게 건넬 변하지 않는 첫마디다.

"투자를 하지 말란 얘긴가요?"

라고 묻는다면 나의 대답은 "그렇다."이다. 나의 이런 만류에도 굳이 투자를 해야겠다면, 적어도 개인 투자자가 대부분 잃는다는 사실은 인지하고 시작해야만 한다. 그렇다면 여러분이 투자에 대한 접근 방법이 바뀔 것이고, 소수의 잃지 않는 투자자가 되기 위해서는 많은 노력도 해야만 할 것이다. 대부분 처음 투자를 시작하게 되는 계기는 비슷하다. 친척, 친구, 직장 동료, 아니면 미디어에서 누군가가 투자로 돈을 많이 벌었다는 사실을 접할 때가 투자 시작의 기점이 된다. 다들 투자로 돈을 벌었다고 하니, 투자를 하지 않은 것만으로도 많은 돈을 잃은 기분일 것이다. 하지만 그런 걱정은 할 필요가 없다. 그들이 지금 당장 번 것일 뿐이지, 나중에도 번다는 것은 아니다. 어차피 대부분의 개인 투자자들은 결국은 잃게 되고, 시간이 지나면 그들이 망했다는 소리가 들려올 것이다.

2020년 초, 주식 양도세에 대한 이슈가 있었다. 개인 투자자가 주식으로 돈을 벌면 세금을 내는 세법 개정안이다. 현재는 유예된 상황이지만, 당시 세금 정책을 추진하기 위한 기획재정부의 발표를 보면 웃지 못할 부분이 있다.

"데이터를 확인해 본 결과, 주식 양도세를 부과하게 되면, 실제 세금을 납부하게 될 개인 투자자는 5%밖에 되지 않습니다."

이게 무슨 궤변인 걸까? 개인 투자자들 중에서 의미 있는 수익을 가져가는 투자자(2천만 원 수익까지 비과세)가 5%밖에 되지 않으니, 양도 소득세를 부과해도 괜찮다고 한다. 그럼 도대체 개인 투자자가 돈을 못 버는 증권 시장 따위는 왜 만든 것일까?

"상장 기업의 성장을 위해 개인의 희생이 필요한 것인가?"

세금을 부과하기 전에, 저런 수치가 나오는 증권 시장의 근본적인 문제부터 개선해야 하는 것이 정부 기관의 할 일임에도 세금 부과의 정당성을 위해 저런 발표를 하고 있으니, 궤변이 아닐 수 없다.

또한 정부 기관은 국민들이 주식시장에 투자하는 이유를 전혀 모르는 것 같다. 연간 2천만 원 이하로 버는 것이 목표인 개인 투자자는 거의 없다. 단순히 지금 투자 자금이 적다고 해도, 모든 투자자는 수익을 쌓아 나가, 나중에는 많은 수익을 내는 것이 목적이다. 개인 투자자들이 투자에 성공을 하려면, 세금은 결국 내야 한다는 소리다. 그럼에도 개인 투자자는 통계상 대부분 많이 못 버니까, 세금을 부과해도 상관없다는 것이 정부 기관에서 할 소리인가? 문제는 이 데이터 또한 1년간의 자료라는 것이다. 의미 있는 수익을 가져가는 사람이 올해에 5%라면, 해가 갈수록 누적 수익을 가져가는 사람은 도대체 얼마나 될까? 손실을 본 사람은 다음 해에 당연히 손실을 볼 가능성이 크고, 의미 있는 수익을 가져간 5%의 사람들이 아무리 투자를 잘한다고 해도, 다음 해에 다시 그 5%에 들 가능성은 매우 적다. 결국 시장에서 장기간 돈을 버는 개인 투자자는 매우 적을 뿐 아니라, 돈을 벌어서 세금을 내더라도, 그 후년에 돈을 잃으면 그 세금은 결국 손실이 된다.

우리나라 유가 증권 시장은 1980년 기업가와 개인 투자자들의 큰 꿈을 안고 탄생했다. 사실 주식시장의 본질은 기업에 투자하고, 그 기업이 그 투자금을 바탕으로 이익을 창출하여, 기업에 투자한 주주들에게 그 이익을 나눠 주는 데에 있다. 그러므로 주식시장에 투자하는 개인 투자자의 기본적인 수익 구조는 기업에 투자하고, 그 기업에서 나오는 배당금을 받는 것이 본질이다. 하지만 우리나라 주식시장은 이미 그 본질에서 많이 벗어나 있다. 우리나라의 평균적인 배당률은 다른 국가들에 비해 매우 낮은 수준이다(1등인 호주에 비교하면 1/10에 가깝다). 우리나라는 개인 투자자의 투자금으로 기업이 성장하면, 그 수익금은 주주가 아니라, 기업과 관련된 일부 사람들의 배를 불리는 데 더 많이 이용된다. 이 본질을 논외로 하더라도 코스피 지수는 1980년 100을 시작으로, 글을 쓰는 지금은 2,500 근처를 유지하고 있다. 34년간 주가지수가 25배 이상 상승했지만, 개인 투자자는 왜 대부분 잃는 걸까? 수많은 이유가 있지만, 중요한 것 중 하나는, 기관과 외국인 투자자의 수익률이 개인 투자자보다 항상 높다는 것이다. 기관과 외국인의 투자 수익률은 개인 투자자보다 매년 높고, 시장이 좋지 않아 손실을 보는 해가 있더라도, 개인 투자자보다 손실률이 낮다. 결국 개인 투자자들이 잃은 만큼 그들은 돈을 벌었다. 오히려 주식시장은 개인 투자자들의 적은 돈들이 모여, 기업 오너 일가와 임원, 또는 기관이나 외인, 또는 작전 세력으로 이동하는 데에 목적이 있다고 해도 무방할 정도다(가상 자산은 규제가 없어 더욱 심하다). 이렇듯 철저하게 개인 투자자에게 불리한 시장의 구조는 투자자가 조금 더 영민하다고 해서 돈을 벌 수 없다. 초보자라면 더더욱 손실을 낼 수밖에 없다.

　이런 투자시장의 진실을 먼저 인지해야만 한다. 남들보다 조금 나은 투자자가 되어야 하는 것이 아니라, 소수의 다른 투자자가 되어야 이 시장에서 수익을 낼 수 있는 것이다. 이 전제 조건을 알아야만, 투자에 대한 접근을 바꿀 수 있다. 투자에서 돈을 벌기 위해서는 다른 개인 투자자들이 살 때 사지 않아야 하며, 다른 개인 투자자들이 팔 때 팔지 않아야 한다. 이런 투자는 단순히 자아 성찰이나 다짐 따위로 해결되지 않는다. 개인 투자자가 잃는 심리적 이유가 무엇인지 알아야 하며, 군중심리에 휩쓸리지 않을 명확한 투자 원칙도 필요하다. 또한 이런 투자를 오래 이어 나가기 위해서는 리스크를 줄이는 자금 관리 또한 중요한 요소이다. 내가 15년간 투자에서 수익을 내어 오면서 경험했던 것과 지난 6년간 유튜브에서 방송을 해 오면서 개인 투자자들과 상담했던 결과들을 바탕으로 이런 중요한 요소들을 이 책에 정리했다. 주식 및 가상 자산, 선물 투자에서 광범위하게 도움이 될 수 있도록 집필하였고, 여러분이 수익이 나는 투자자가 되는 길에 이 책이 조금이라도 도움이 되길 바란다.

목차

01 투자 원칙

02   투자자의 착각

03 정보의 오류

04 자금 및 리스크 관리

05　기술적 분석의 기초

01
투자 원칙

① 투자는 확률이다

여러분은 투자를 함에 있어서 가장 중요한 것이 무엇이라고 생각하는가? 그중 하나가 바로 확률이다. 가치 투자나 트레이딩 모두 이 확률에만 의존한다면 수익을 낼 수 있다. 가치 투자라고 해도 특정 주가의 적정 가치를 알 수 있는 방법은 사실상 없다. 사실 그것을 알 수 있다면, 답안지를 가지고 시험을 치는 것과 마찬가지다. 적정 가치를 모르기 때문에 투자가 어려운 것이다. 하지만 확률적으로 접근하면, 적정 가치를 몰라도 돈을 벌 수 있는 방법은 있다. 예를 들어 모든 종목 PER(주가 수익 비율)의 10년간 평균값을 정하여, 평균값보다 높을 때 매수한다면 어떻게 될까? 실제로 모든 종목은 아니지만, 대부분의 종목은 수익을 낼 수 있다. 이런 방법은 기술적인 차트 분석도 아니고, 전형적인 가치 투자도 아니다. 이런 방법은 일종의 확률로 접근한 가치 투자 방식이다. 사실 대부분의 가치 투자도 이런 확률에 근거하는 경우가 많다(물론 확률에 근거하지 않은 투자 방식도 일부 존재한다).

"성장하고 있는 기업의 주가는 오른다."

이렇게 가정을 하고 매출액과 영업 이익이 성장하고 있는 기업들과 그렇지 않은 기업들의 과거 주가를 비교하면, 결국 성장하는 기업들의 주가 상승 폭이 더 높은 것을 확인할 수 있다. 결국 주가라는 것이 기업의 성장성을 따라갈 확률이 높기 때문이다. 하지만 이것은 어디까지나 확률이지, 모든 경우가 그렇지는 않다. 기업은 성장하지만 주가는 오르지 못하는 경우도 있고, 기업이 망해 가는 과정에도 주가가 상승하는 경우도 있다. 이 또한 결국 확률에 가깝다. 이런 확률적 접근은 차트에서 더 효과적으로 이용할 수 있다.

"차트에서 알 수 있는 것은 무엇일까?"

대부분의 사람은 캔들, 거래량, 보조 지표 등을 얘기하겠지만, 사실 차트가 알려 주는 것은 '과거'다. 과거의 움직임을 거짓 없이 우리에게 보여 준다. "역사를 알아야 미래가 보인다."라는 말과 같이, 과거를 가지고 미래를 확신할 수 없지만, 과거에 가격 상승을 만들었던 차트의 모습과 지금의 차트가 비슷하다면, 가격이 오를 확률이 더 높다는 것이다. 앞서 "성장하고 있는 기업의 주가는 오른다."와 같은 가치 투자 접근 방식과 크게 다를 바가 없다. 결국 과거에 올랐거나, 내려갈 확률이 높은 차트의 모습들을 규격화하여, 차트를 분석하는 것이 결국 차트의 기술적인 분석이다. 그런 것들이 모여, 우리가 흔히 말하는 패턴 또는 지지와 저항, 다이버전스 등으로 기술적 차트 분석 이론이 만들어지게 된 것이다. 하지만 확률에 기초하여 만들어진 이런 기술적인 분석을 잘못 해석하는 경우가 많다. 기술적인 분석은 어디까지나 수익을 낼 확률이 조금 더 높아지는 것이지, 그것이 수익으로 보장되는 것은 아니다. 투자에서 확률이 100%라는 것은 존재하지 않는다. 항상 잃을 확률도 존재하는 것이다. 그렇다면 확률에 근거한 가치 투자나 기술적 투자로 수익을 내려면 어떻게 해야 할까? 대수의 법칙에 따라 확률 높은 투자가 수없이 반복되어야만, 수익이라는 결과를 가져올 수 있다. 조금 더 높은 확률을 가지기 위해서 노력해야 할 뿐만 아니라, 그 노력으로 얻은 확률적 이득을 수익으로 전환하기 위해서는 오랜 기간 투자를 반복해야만 한다. 투자라는 것이 단순히 몇 번의 상승과 하락을 맞추는 것에만 혈안이 되면 안 된다는 것이다. 이런 확률적 접근은 여러분의 잘못된 투자 방법과 심리를 바꿔 주는 근본적인 요소가 될 것이다.

② 명확한 원칙을 정해라

여러분이 이 책을 다 읽을 때쯤 다시 위의 제목이 떠올랐다면, 나는 책을 쓴 목적을 이룬 것이다. 이 책의 대부분의 내용은 원칙을 정하고 투자함이 중요하다는 것을 강조한다. 그래야만 남들과 다른 투자를 이어 나갈 수 있기 때문이다. 나조차도 원칙이 없다면, 대부분의 사람이 고점에서 주식을 살 때, 무시하고 버틸 만한 배짱이 있을 수 없다.

시장에는 수없이 많은 투자 원칙이 있다. 가치 투자 방법, 캔들 매매법, 이평선 매매법, 차트 패턴 매매법, 보조 지표 매매법 등 넘쳐 날 정도로 많은 매매 방법이 존재한다. 여러분이 저런 모든 매매법을 다 익혔다고 했을 때 과연 수익이 나는 투자자가 될 수 있을까?

캔들과 이평선, RSI, 차트 패턴 등을 섭렵해 투자를 하는 사람이 있다고 가정해 보자.

어떤 차트를 분석해 보니, 캔들은 상승의 가능성이 큰 적삼병(3개의 연속적인 양봉)이 발생한 상황이고, 상승 확률이 높다고 알려진 단기 이동 평균선과 장기 이동 평균선의 골드 크로스가 만들어신 상황이다. 하지만 보조 지표인 상대 강도 지수(RSI)는 이미 하락할 확률이 높은 과매수 상태이고, 차트 패턴은 하락할 확률이 높은 상승 쐐기형 패턴이 만들어졌다(지금 당장 이런 매매 방법을 알 필요는 없다). 이렇게 기술적 분석의 내용이 상승과 하락으로 엇갈릴 때, 여러분은 어떤 판단을 내릴 것인가? 대부분은 어떠한 판단도 내리지 못하고 또 다른 요소들을 찾고 있을 것이다.

이와 같이 여러 기술적 방법을 알더라도, 명확하게 결론을 내리지 못하는 것은 원칙이 아니다. 캔들이 적삼병(연달아 3개의 양봉이 발생한 상황)이 만들어지면, 다음 날 매수한다. 이것은 원칙이다.

5일 이동 평균선과 20일 이동 평균선이 골든 크로스를 만들고 캔들이 마감되면 그때 매수한다. 이것도 원칙이다.

이런 명확한 원칙은 과거 차트를 통해 수익이 날 수 있었는지 확인할 수 있다. 이렇게 명확하게 검증할 수 있는 것이 바로 원칙이다. 여러 기술적 방법을 알고 있다 하더라도, 명확하게 규정하고 검증하지 못한다면, 원칙이 있는 것이 아니다. 명확하게 정의를 내리고 과거의 확률을 검증할 수 있는 것이 원칙인 것이다.

간단한 원칙이라도 수익이 난다면, 우리는 이 원칙을 지켜 나가기만 하면 된다. 물론 과거에서 수익이 나는 원칙이라고 하더라도 미래에 100% 수익이 난다는 보장은 없다. 하지만 이렇게 검증된 원칙을 하나가 아닌, 수익이 나는 여러 개의 원칙을 사용한다면, 시장에서 수익이 날 확률은 더욱 높아진다. 수십 년간 지속적으로 수익을 만드는 원칙도 분명히 존재하며, 여러분이 직접 원칙을 만들어 낼 수도 있다. 대부분의 사람은 원칙을 찾기 어렵다고 말한다. 그 이유는 항상 수익을 가져다줄 필승법을 찾기 위해 노력하기 때문이다. 우리가 찾아야 할 것은 필승법이 아니라, 단순히 확률 높은 원칙을 찾는 것이다. 책에서 본 투자 방식, 아니면 내가 막연하게 생각해 본 방법, 어디서 주워들은 간단한 투자 방식이라도, 과거 차트를 통해 수익이 나는지 확인할 수 있고, 그것이 수익이었다면, 투자에 얼마든지 사용할 수 있다.

"단, 명확하게 규정할 수 있는 원칙이어야만 한다."

예를 들어, 일봉 캔들 기준으로 '5일 이동 평균선과 20일 이동 평균선이 골든 크로스를 만들면 다음 날 시초가에 매수', '5일 선과 20일 선이 데드 크로스를 만들면 다음 날 시초가에 매도'라고 원칙을 정한다면, 이 원칙이 과거에 수익을 가져다주었는지 확인하는 것은 어렵지 않다. 단, 시간이 좀 걸릴 뿐이다. 하지만 "20일 이동 평균선을 지지하면 매수하겠다."라는 것은 원칙이 아니다. 지지한다는 뜻이 이동 평균선 아래로 내려가면 무조건 안 되는 것인지, 캔들 몸통이 이동 평균선과 맞물리는 정도면 괜찮은 것인지, 아니면 며칠 동안 어디에 머물러야 지지인 것인지, 어느 정도 벗어나야 지지를 못한 것인지 등이 명확하게 구별되지 않는다. 그러므로 이 원칙은 과거의 차트를 통해 확인하는 것이 불가능하다. 하지만 대부분의 개인 투자자는 이런 명확하지 않은 기술적 분석 요소들을 모아, 합리적 의사 결정을 하기 위해 노력한다. 하지만 이런 투자 방식은 확률적 우위를 가져다주지 않는다. 정확하게 말하자면 확률을 구할 수가 없다. 하지만 대부분의 전문가가 이런 방법으로 교육을 하기 때문에, 개인 투자자들도 이런 방식으로 의사 결정을 하는 것에 익숙하다. 하지만 차트를 보며 분석하는 것과 실제 투자하는 것은 전혀 다르다. 영화에 비유하자면, 영화 평론가와 영화 제작자는 애초에 접근하는 방식 자체가 달라야 하기 때문이다.

원칙은 명확하게 과거의 차트를 통해서 승률과 수익을 계산할 수 있어야 한다. 지금부터라도 이런 원칙들을 찾거나 만들기를 바란다. 여러분은 앞으로 수많은 매매 방법을 접하게 될 것이고, 아니면 이미 충분히 많은 매매 방법을 접했을 수도 있다. 하지만 실제로 그런 원칙들이 실행 가능한 것인지, 아니면 과거의 차트에 대입해 수익을 만들어 왔는지 확인해 본 사람들은 많지 않을 것이다. 이런 검증을 통한 명확한 원칙을 이용한다면, 수익이 나는 투자자가 되는 것이 그렇게 어려운 일은 아니다. 하지만 아무리 좋은 원칙이더라도 여러분이 그 원칙을 지켜 나가는 일이 쉽지만은 않을 것이다. 이 책에서 원칙뿐만 아니라, 그 원칙을 지켜 나갈 수 있는 근본적인 방법들도 함께 알아볼 것이다.

③ 백테스트 없는 원칙은 없다

앞서 얘기했던 것처럼 투자에서 수익이 나는 확률을 만들려면 어떻게 해야 할까? 시장에 쏟아지는 정보로 더 나은 확률을 만들 수 있을까? 아니면 전문가들의 분석을 통해 더 나은 확률을 만들 수 있을까?

이 물음에 답을 찾기 위해서는 쏟아지는 정보들이 과거에 맞았는지 확인하거나, 전문가들의 조언이 과거에 맞았는지 확인해야만 한다. 뉴스, 미디어, 유튜브 등 정보에 비중을 두고 투자하는 개인 투자자들이 상당히 많다. 그럼 이런 정보들을 통해 투자를 했을 때 수익이 날 수 있다는 것을 확인했을까? 확인을 하기 위해서는 결국 과거의 정보들과 가격을 함께 확인해야만 한다. 하지만 이런 정보들은 과거를 통한 확인이 대부분 불가능하다. 정보가 거짓이었을 경우가 있고, 흔히 우리가 말하는 선반영이 되었을 수도 있다. 또 정보가 시장에 반영이 되지 않을 수도 있고, 정보가 호재인지 악재인지 판단하기 어려울 수도 있다. 정보로 인한 상승 폭 또한 통계가 불가능하다. 그리고 제일 중요한 확률을 확인하기 위해서는 대수의 법칙(표본이 많아야 통계의 정확도가 상승함)에 따라야 하는데, 같은 정보가 반복되는 사례도 많지 않다. 결국 정보를 가지고 투자했을 때 과거의 승률과 수익을 확인하는 작업 자체가 불가능하다. 투자에서 어떤 특정한 기준을 가지고 과거에 대한 승률과 수익을 확인하는 작업을 백테스트라고 한다. 일반적으로 정보는 백테스트가 불가능하다. 결국 정보로는 원칙을 세울 수 없다.

전문가의 분석을 살펴보자. 어떤 전문가의 분석을 신뢰하기 위해서 대부분의 투자자는 그가 과거에 했던 분석들을 먼저 살펴봤을 것이다. 하지만 그의 많은 분석을 하나도 빠짐없이 모두 확인하고, 승률과 손익비를 계산하며 확인하는 사람들이 얼마나 될까? 만약 그렇게 신뢰도를 확인한다 하더라도,

틀린 발언들은 이미 삭제되었을 수 있고, 말을 모호하게 한 경우도 많을 것이다. 전문가들은 실제로 시장과 일치했던 과거의 발언들을 강조하고 노출 빈도를 높이기 때문에, 왜곡도 심해진다. 그들은 전문가라는 타이틀로 수익 사업을 진행하고 있기 때문에, 왜곡하여 홍보하는 것 자체가 그들의 수익과 밀접하게 연결된다. 실제로 미국 유명 경제 잡지에 애널리스트들의 매수, 매도 의견에 대한 승률을 확인했을 때 30% 미만이라는 통계가 있다.

우리가 투자를 하기 위해서는 백테스트가 가능한 방법을 선택해야만 한다. 그 방법에서 가장 유용한 요소가 바로 차트이다. 어떤 원칙을 세웠다면, 과거 차트를 통해 백테스트를 하여, 검증할 수 있기 때문이다. 만약 백테스트를 하지 못한다면, 내가 세운 원칙이 수익을 낼 수 있다는 보장이 없다. 앞서 말한 정보나 전문가의 의견과 다를 바가 없는 것이다.

수익이 나는 투자자가 백테스트 없이 장기적으로 수익을 내는 사례도 분명히 존재한다. 정말 오랜 기간 경험을 가지고 있는 사람이면 가능할지도 모른다. 차트를 수십 년간 봐 오고 투자한 사람이라면, 과거의 경험이 백테스트를 대체할 수도 있다. 보통 특정 전문 분야에서 이러한 사람을 우리는 장인이라고 부른다. 하지만 개인 투자자가 차트를 기껏 몇 년 봐 왔다고 해서 장인이 될 수는 없지 않은가.

하지만 수십 년의 투자 경험을 가진 장인이 아니더라도, 수익이 나는 투자자는 될 수 있다. 수십 년간의 과거 차트를 확인하는 백테스트에 있는 것이다.

과거에 이미 만들어진 차트는 변하지 않고, 모호한 판단도 없고, 왜곡하거나 삭제할 수도 없다. 그래서 우리는 차트를 통한 백테스트가 필요한 것이다. 여러분이 정한 원칙을 가지고 백테스트 없이 투자한다면, 그 원칙에 대한 신뢰도는 낮아지고, 그로 인해 자주 원칙을 바꾸게 되고, 또 다른 외부 요건에 의해 의사 결정이 흐려질 것이다. 누군가는 과거 차트에 대입해 일일이 수익이 발생했는지 확인하는 과정에 소요되는 많은 시간이 아깝다고 생각할 수도 있다. 하지만 그 시간이 여러분의 인생을 바꿀 수 있다고 생각한다면, 전혀 아깝지 않을 것이다. 현재 여러분이 투자하고 있는 원칙이 있거나, 투자하려고 고민 중인 원칙이 있다면, 당장 차트를 보고 백테스트를 시작하자. 돈 벌 생각에 너무나도 설레지 않는가!

④ 결과보단 과정이 중요하다

나의 방송을 지켜보는 투자자들이 자주 하는 질문이 있다.

"10% 하락하면 손절하는 것이 제 원칙인데, 10%가 하락했지만, 아직 차트가 좋은데 손절을 꼭 해야 할까요?"

나의 답은 언제나 같다.

"원칙을 꼭 지켜야만 합니다!"

어떤 종목을 매수한 이후에, 손절 가격까지 가는 과정이 좀 특별하거나 남달랐을 수도 있다. 그러면 우리는 선택의 폭이 늘어난다. 기존에 생각했던 원칙과는 다르게 조금 더 기다려 볼 수도 있고, 아니면 추가 매수를 할 수도 있다. 이런 다른 선택이 더 좋은 결과를 가져오는 경우도 많다. 그렇다면 원칙을 어겨노 되는 예외의 경우를 인성해야 할까? 물론 성말 확신이 있다면 무조건 나쁘다고만은 말할 수 없다.

"원칙에서 예외를 인정하는 순간, 그 원칙은 언젠가는 사라진다."

만약 손절의 원칙을 지키지 않아 좋은 결과를 가져온 적이 있다면, 우리는 그 기억을 쉽게 잊을 수 없다. 또한 대부분의 투자자는 손실을 확정 짓는 것을 두려워한다. 원칙을 지켰지만 손실 중인 경우, 손절의 원칙을 어겨 돈을 벌었던 기억과 손절을 두려워하는 감정이 만난다면 어떻게 될까? 조금씩 원칙을 어기는 경우가 늘어나게 될 것이다. 그렇게 원칙을 어기고 수익이 계속 발생한다면 어떻게 될까? 원칙을 어겨도 돈을 벌 수 있다는 사실을 깨닫는다. 그런 경우 시간이 갈수록 원칙은 점점 사라지고, 원칙 없는 투자로 변하게 되는 것이 대부분이다. 잠시 돈을 벌었을지 모르지만, 평생 써먹을 원칙 하나를 잃게 되는 것이다. 또한 이렇게 원칙을 어겨 손절하지 않는다면, 언젠가는 되돌릴 수 없는 큰 손실을 가져오게 될 것이다.

앞서 여러 가지 기술적 분석을 통해 원칙을 정하고, 과거 차트에 대입해 백테스트를 하는 수고스러운 과정(평범한 일반인이 돈을 벌기 위해서 하는 과정 중에는 가장 쉽다)을 거쳐야만 원칙을 정할 수 있다고 했다. 하지만 투자하는 과정에서 예외를 둔 그 한 번 때문에 그 오랜 시간을 들여서 정한 소중한 원칙을 하나 잃는 것이다.

그래서 원칙을 정하고 투자를 시작했다면, 지켜 나가는 과정이 절대적으로 중요하다. 그렇게 올바른 투자 과정이 누적될수록 원칙을 지킬 수 있는 능력 또한 발전하는 것이다. 다시 생각해 보면, 원칙을 지켜 나갈 수 있는 능력만 있다면, 수익이 나는 투자 원칙이 하나만 있더라도 여러분은 충분히 부자가 될 수 있다.

결국 돈을 벌 수 있는 원칙을 찾는 것보다, 그 원칙을 어떻게 지켜 나갈 수 있느냐가 더 중요할 수 있다. 결과에 집착하지 않고 과정을 지키는 것을 더 중요하게 생각하는 것만으로도, 여러분은 남들보다 돈을 벌 확률이 훨씬 높은 투자자가 될 것이다.

⑤ 투자에 실패하는 진짜 이유

투자에 실패하여 큰돈을 잃었다면, 우리는 그 원인을 찾아야만 한다. 그래야 이후에 이런 실패를 예방할 수 있을 뿐만 아니라, 더 나아가 수익이 나는 투자자가 될 수 있을 것이다. 그렇다면 진짜 투자에서 실패하는 이유는 뭘까? 사실 투자에서 돈을 잃는 이유는 수도 없이 많지만, 가장 중요한 몇 가지의 사례를 보고, 그 이유와 개선 방법을 알아보자.

첫 번째, 종목을 잘못 선택하는 경우이다. 이렇게 종목을 잘못 선택하여, 큰 손실을 보는 경우의 대부분은 기대 수익이 문제가 되는 경우가 가장 많다. 종목을 선택할 때, 많은 수익을 올릴 수 있는 종목에 초점을 맞췄기 때문이다. 많은 수익을 올릴 수 있는 종목이라면, 손실도 그만큼 클 수 있는 종목이다. 기대 수익에 따라 종목을 선택한다면, 큰 하락이 진행 중인 종목이나 아니면 반대로 상승 폭이 크고, 언론과 다른 개인 투자자들이 집중하는 종목을 선택하게 될 것이다. 이렇게 종목을 선택하면, 예상하지 못한 기대 손실을 맞이할 수 있다.

두 번째, 종목은 잘 선택하여 샀으나, 매도를 잘못하는 경우이다. 작은 손실 중인 시기에 더 잃을까 두려워 매도한 경우가 있을 수 있고, 아니면 손실 중인 시기를 버티고, 수익으로 전환되었지만, 다시 손실로 가는 것이 두려워 작은 수익으로 매도하는 경우도 있다. 결국 이 두 경우 모두 손실을 피하려고 하다 투자에 실패하게 되는 경우라고 볼 수 있다.

세 번째, 투자 시점이 좋지 않은 경우가 있다. 전반적으로 시장이 고점일 때 투자를 시작하거나, 하락 추세가 시작될 때 투자를 시작하는 경우다. 앞서 얘기한 종목을 잘 고르고, 익절과 손절을 아무리 잘하더라도, 투자 시점이 좋지 않다면, 절대 돈을 벌 수가 없다. 하지만 대부분의 개인 투자자가 투자시장에 뛰어드는 시기는 항상 좋지 않다. 그 이유는 시장이 고점일 때 주변에서 돈을 벌었다는 이야기가 가장 많이 들려와, 상대적 박탈감을 가장 많이 느끼게 되는 시기이기 때문이다. 실제로 주식시장에서 신규 계좌가 가장 많이 늘어나는 시기가 지수가 고점인 시기이다. 또한 하락 추세가 시작될 때는, 과거의 가격보다 현재의 가격이 싸다고 느끼기 때문에, 어떻게 보면 가장 투자에 적합한 시기로 느껴지게 된다. 고점에서 투자를 시작하지 않고 참았던 신중한 사람들도 대부분 이 하락 추세 초기에 투자를 시작하고 만다.

첫 번째, 기대 수익을 기준으로 종목을 잘못 선택하는 경우

두 번째, 손실에 대한 걱정으로 매도를 잘못하는 경우

세 번째, 상대적 박탈감으로 투자 시기를 잘못 선택하는 경우

이렇게 투자에 실패하는 중요한 3가지 이유를 나열해 보았다. 위 3가지를 살펴보면, 투자 실패의 원인이 기대 수익, 손실에 대한 걱정, 상대적 박탈감 등 대부분 심리적 이유에 있다는 것을 알 수 있다. 물론 기술적인 부분을 배제할 순 없지만, 기술적으로 좋은 투자를 하기 위해서는 심리적인 부분을 우선적으로 발전해 나가야 하는 것이다.

하지만, 투자자들은 돈을 잃게 되면, 기술적인 부분, 합리적인 판단, 또는 정보력 등이 부족했다고 느끼기 때문에, 더욱 그런 부분에 몰입을 한다. 하지만 그 노력에도 불구하고 투자는 나아지지 않는다. 앞서 보았듯이 투자에 실패한 이유는 기술적인 부분보다 심리적인 부분이 더 많기 때문에, 아무리 노력을 해도 좋은 투자로 이어지지 못하는 것이다. 이후 추가로 나올 내용을 통해 투자에서 필요한 심리적인 부분을 개선해 보자.

⑥ 도박보다 유리한 확률과 불리한 시간

요즘은 주식 투자 인구가 많이 늘어나 예전과는 인식이 달라졌지만, 10년 전만 해도 주식시장을 투기 시장이라고 인식하는 사람들도 많았다. 최근에도 가상 자산에 투자한다고 하면, 가상 자산에 대한 비판적인 사람들의 시선을 느낄 수 있다. 아직도 가상 자산은 투기 시장 또는 도박이라고 바라보는 사람들이 많기 때문이다. 하지만 나는 그런 사람들의 시선이 틀렸다고 생각하지 않는다. 아직도 가상 자산 시장에는 투기에 가깝게 투자하는 사람들이 많기 때문이다.

가상 자산은 하루에도 100% 이상 상승하는 종목들이 있으며, 하루 만에 반토막이 나는 경우도 허다하다. 이런 시장에서 원칙 없이 투자한다면 투기 시장이라고 해도 할 말은 없다. 더욱이 높은 기대 수익에 이끌려 가상 자산 투자를 시작했다면, 투기일 가능성이 더욱 크다. 사람들이 이런 높은 기대 수익 때문에 시작하는 것이 또 하나 있다. 바로 도박이다.

도박과 투자를 한번 비교해 보자. 도박에는 확률이 없다. 일부 확률을 가지는 게임도 있지만, 기본적으로 도박은 50 대 50의 확률을 가진다. 바카라를 예를 들면 플레이어 또는 뱅커 중 승자를 맞추는 게임이다. 카드를 오픈하면 수익과 손실이 나뉘고, 확률은 50 대 50이다. 그리고 수익금의 일부는 카지노에 수수료로 지급된다. 이 승률 50 대 50의 바카라라는 게임은 카지노가 수수료로 돈을 벌 수밖에 없는 구조이기 때문에 상대적으로 게임에 참여하는 사람들은 돈을 잃을 수밖에 없다. 이런 이유로 도박으로 돈을 벌기 어렵다는 사실을 대부분 알고 있다.

투자도 마찬가지이다. 투자를 하게 되면 증권사 또는 거래소에 수수료를 지급해야만 한다. 투자도 똑같이 증권사와 거래소만 돈을 벌고, 개인 투자자들은 돈을 벌기 어려울 것이다.

그런데 이런 투자와 도박에는 두 가지의 차이점이 있다. 하나는 '확률'이고, 두 번째는 '시간'이다. 도박에서는 확률이 없다고 해도 무방하다. 예를 들어, 홀짝으로 베팅하는 게임이라면, 홀이 5번 반복해서 나왔다고 해서, 다음번에 짝이 나올 확률이 높아지지 않는다. 게임마다 독립적인 확률을 가진다. 하지만 투자는 도박에는 없는 확률이 있다. 앞서 얘기했듯이 어떤 원칙 하나를 정하고, 백테스트를 통해서 과거의 승률과 수익을 확인해 볼 수 있다. 투자에서 어떤 원칙은 55 대 45, 혹은 더 높은 확률이 나올 수도 있다. 이런 원칙을 가지지 않고, 투자를 한다는 것은 투자가 주는 유일한 장점인 확률을 포기하는 것이다. 도박과 다를 바가 없어진다.

다음은 '시간'이다. 도박에서 대부분의 게임은 베팅을 하고, 카드를 오픈하면 결과가 나온다. 바카라 같은 경우 결과가 나오는 시간까지 1분이면 충분하다. 그 사이에 베팅을 바꿀 수 없다. 정해진 결과를 받아들여야만 한다. 하지만 투자는 그렇게 짧은 시간에 끝나지 않는다. 우리가 어떤 종목을 매수하고, 손절 가격과 목표 가격을 선택했다면, 그 결과의 값이 나오는 시간을 기다려야만 한다. 문제는 기다리는 시간에도 선택을 바꿀 수 있는 기회가 있다는 것이다. 실제로 많은 개인 투자자가 그 기간 동안 목표 가격보다 작은 수익으로 마감하거나, 손절 가격을 실행하지 않고 손실을 방치하는 나쁜 선택을 한다. 이렇게 선택을 바꾸는 이유는 결과가 나올 때까지의 시간 동안 손실에 대한 두려움 또는 수익에 대한 조바심이 발생하기 때문이다. 이처럼 투자는 도박에는 없는 '시간'이라는 변수를 버텨 내야만 좋은 결과를 낼 수 있다.

정리하자면 투자는 확률이 높은 원칙을 가지고 결과가 나올 때까지의 시간을 버텨 낸다면, 도박보다 좋은 결과를 만들 수 있다. 이것이 갖춰지지 않으면, 투자보다 도박이 더 유리할 것이다. 여러분이 원칙 없이, 아니면 원칙이 있어도 시간을 버텨 내지 못하는 투자를 하고 있다면, 카지노에서 돈을 잃은 사람들을 비난할 자격이 있을까?

⑦ 매도 가격을 정한 후에 매수하라

투자는 생각보다 단순한 작업이다. 우리는 투자를 할 때 수많은 정보와 펀더멘털, 그리고 많은 기술적 분석을 위해 노력한다. 하지만 실제로 투자는 매수와 매도를 마우스로 한 번씩 클릭하면, 한 번의 투자가 종료되고 수익 또는 손실이 발생한다. 이 한 번의 투자를 구성하는 매수와 매도 중 어떤 것이 더 중요할까?

세계에서 투자를 가장 잘하는 AI(인공지능)를 사용하여 투자한다고 가정하고 두 가지를 실험해 보자. 첫 번째는 여러분이 직접 매수를 하고 AI가 매도하는 경우와 두 번째는 AI가 매수하고 여러분이 매도하는 경우이다.

AI가 정말 수익이 나는 투자를 해 준다면, 사람이 매수를 하고 AI가 매도했을 때는 분명히 수익이 날 수 있다. 진입이 좋지 않았다고 하더라도 AI가 이상적인 익절과 손절을 실행해 준다면, 좋은 결과를 만들 수 있다.

하지만 반대로 AI가 매수를 하고 여러분이 매도를 했을 경우는 어떨까? 주가는 항상 상승과 하락을 동반하는 파동이 반복된다. 진입한 가격이 아무리 좋았다고 하더라도, 수익을 이상적으로 실현하지 못하거나, 손실을 제때 끊지 못한다면, 심각한 손실이 발생할 수 있다.

결론적으로 매도만 잘한다면, 매수 가격이 나쁘더라도 좋은 투자를 할 수 있다. 그것이 바로 매도가 더 중요한 이유이다.

"하지만 여러분은 어떠한가?"

대부분의 개인 투자자는 좋은 가격에 매수하는 것에 대부분의 시간을 허비한다. 매도는 진입 후에 생각해도 늦지 않다고 생각하기 때문이다.

투자 경험이 풍부한 사람들도 일단 매수부터 하고, 이후에 매도는 작은 손실로 마감하거나 수익을 극대화하겠다고 다짐한다. 그리고 실제로 자신이 그렇게 할 수 있을 거라 믿는다. 하지만 실제로 매도의 가격을 정해 놓지 않고 트레이딩을 하게 되면, 큰 손실로 트레이딩을 종료하거나, 아니면 작은 이익으로 마감하는 경우가 훨씬 더 많다.

실제로 우리가 매도의 가격을 설정하지 못하는 이유는 수익에 대한 한계를 설정하는 것이 불편하기 때문이다. 수익을 한계 없이 열어 두어야, 돈이 무한으로 불어날 것을 기대하면서 달콤한 꿈을 꿀 수 있다. 그 헛된 꿈이 결국 매도의 가격을 정하지 못하는 원인이 된다. 하지만 실제로 몇 배가 될 때까지 홀딩하는 개인 투자자는 없다. 수익이 시작되었다고 하더라도 손실이 되지 않을까 하는 조바심에 대부분 작은 수익으로 포지션을 매도한다.

그렇다면 손실이라면 어떨까? 작은 손실로 마무리하겠다는 계획과는 달리 손실 시에 우리는 포지션을 방치하고 손실의 한계치인 손절 가격(Stoploss price)을 설정하지 않는다. 다시 수익으로 전환될 수 있다는 또 다른 헛된 꿈이 손실을 확정 짓지 못하게 만든다. 이런 요소들로 인해 매수를 잘했다고 하더라도 나쁜 투자를 반복한다. 여러분의 기술적인 트레이딩 능력이 향상된다면 이 결과가 바뀔 수 있을까? 이 달콤한 꿈을 꾸고 있는 이상 결과는 바뀌지 않는다. 복권을 사는 사람들을 보자. 항상 당첨되진 않지만, 당첨될 수도 있다는 달콤한 꿈이 계속 복권을 사게 만드는 것과 같다.

이런 심리적인 요소를 극복하는 방법은 결국 매수를 하기 이전에 매도의 가격을 정하는 것으로 해결할 수 있다. 여러분이 매수를 할 때 목표 가격과 손절 가격을 미리 정해 놓는다면, 이후에 발생할 심리적 영향에서 벗어날 수 있다. 매수를 하기에 좋은 가격이라고 할지라도, 목표 가격과 손절 가격을 정하기 어렵다면, 매수를 실행할 필요가 없다. 매수를 고민하는 시간만큼,

매도를 하기 좋은 가격이 있는지에 대한 고민이 필요한 것이다. 투자에서 심리적으로 강해지는 것은 단순한 다짐과 결심으로는 해결되지 않는다. 심리적 영향을 피할 수 있도록 여러 장치를 먼저 설정해야만 한다. 만약 매도의 가격을 정할 수 없다면, 애초에 매수를 하지 말아야 한다.

⑧ 매수는 손실을 각오로 시작해야 한다

앞서 매도의 가격을 꼭 정해야만 한다는 사실을 설명했다. 물론 이런 사실을 이미 알고 있는 투자자들도 많을 것이다. 하지만 이 매도를 실행함에 있어서 또 다른 문제가 발생한다. 실제로 매도의 가격을 정하고 투자를 시작했으나, 실행하지 못하는 경우다.

"왜 실행하지 못하는 것일까?"

여러분이 처음에 계획한 매도의 가격을 바꾸는 데는 분명히 이유가 있을 것이다. 물론 실시간 차트를 보고 매도 가격을 바꾸는 것이 무조건 잘못되었다는 것은 아니다. 그 선택이 좋은 결과를 가져올 수도 있다. 하지만 이 매도 가격을 바꾸는 것에 심리적인 요소가 있는지 확인해 볼 필요가 있다. 만약 매도의 가격을 바꾸는 이유가 목표 가격에 도달하지 못할 것 같은 불안감이거나, 손절 가격을 정했지만, 손실에 대한 각오는 하지 않은 경우라면 문제가 있다.

손절 가격을 정하는 것과 손실에 대한 각오는 다르다. 손절 가격을 정하는 것은 단순히 트레이딩에 대한 기술적 분석으로 가능하지만, 손실에 대한 각오 여부는 투자 금액에 따라 달라지기 때문이다.

만약 여러분이 어떤 한 종목을 매수하면서 목표 가격은 매수 가격에서 10%로 상승 시, 그리고 손절 가격은 매수 가격에서 5% 하락 시가 원칙이라고 가정하자. 100만 원을 투자한다면, 5만 원의 손실이 발생할 수 있고 1000만 원을 투자한다면 50만 원의 손실이 발생할 수 있다. 만약 1억 원을 투자한다면, 500만 원을 잃을 수 있다는 각오가 먼저 필요하다는 것이다. 다시 말해 이 투자를 실행하려면, 500만 원을 잃을 각오가 되어 있어야만, 1억 원을 투자할 수 있는 것이다.

그 손실에 대한 각오가 되어 있지 않다면, 이 투자를 시작해서는 안 된다. 많은 투자자가 초기에 이런 경험을 겪는다. 적은 금액으로 테스트 삼아 투자했을 때는 수익이 나지만, 실제로 내가 투자할 금액을 가지고 투자를 하면 잃는 것이다. 이 두 가지가 다른 이유는 여러 심리적인 요소가 있지만, 그중 가장 큰 부분을 차지하는 것이 손실에 대한 각오이다. 적은 금액으로 테스트를 할 때는 잃어도 상관없다고 생각하기 때문에, 원칙을 유지하는 데 심리적 영향을 받지 않는다. 하지만 손실에 대한 각오가 없는 상태에서 실제 투자 금액으로 투자를 하면, 원칙을 유지하기가 굉장히 어렵다.

또한 대부분의 실패하는 투자자는 이번 투자를 꼭 수익으로 마감하겠다는 각오로 임한다. 이런 각오는 오히려 손실이 발생하게 되면, 수익이 날 때까지 방치할 수밖에 없다. 반대로 수익이 나는 투자자들은 이번에 잃을 손실을 각오하고 투자에 임한다. 투자로 수익을 내는 과정은 수많은 수익과 손실을 반복하며, 최종적으로 수익을 남기는 것이다. 투자를 오랜 기간 한다면, 자주 손실을 경험하는 것은 너무도 당연하다. 손실의 각오 없이 매수를 해서는 절대 안 된다는 사실을 명심하자.

⑨ 매수가 있으면 반드시 매도가 있다

투자에서 매수를 하면 반드시 매도를 해야 한다. 너무나 당연한 이야기이며, 여기에 또 다른 설명은 필요하지 않다. 하지만 지금부터 할 이야기는 우리의 이야기가 아니다.

개인 투자자들은 자신이 보유한 종목에 기관, 외인, 세력 등의 매수가 들어오는 것을 좋아한다. 그건 나 또한 마찬가지이다. 누가, 왜, 얼마나 사는지, 자금의 출처를 명확하게 알 수 없다. 하지만 보유한 종목에 많은 자금이 유입된다면, 그것은 너무나 환영할 일이며, 당연히 주가도 상승하기 시작할 것이다. 하지만 이때 우리가 간과하는 것이 있다. 특정 집단이 많은 자금으로 매수를 시작했다면, 그들은 그 종목을 영원히 가져갈 것인가?

"절대 그렇지 않다."

앞서 말했듯이 매수가 있다면, 매도가 있다. 그렇게 많은 자금으로 매수를 시작했다면, 언젠가는 이익 실현을 위해 그 많은 자금이 매도 물량으로 나올 것이다. 이것은 틀림없는 사실이다. 보유하고 있는 종목에 많은 매수 자금이 유입된다면, 어떤 태도를 취해야 할까? 승리에 도취해 "가즈아!"를 외칠 것이 아니라, 매도에 대한 대비를 해야만 한다. 이후 매도 물량이 나온다면, 주가는 하락 폭이 커질 것이고, 수익은 줄어들기 시작할 것이다. 고점에서 주가가 하락하기 시작하면, 수익 중임에도 손실이 발생한다고 느끼며, 고점에 팔지 못한 것을 후회할 것이다. 그렇게 많은 매도 물량이 시장에서 다 정리되면, 주가는 매수 가격보다 떨어져 절망에 빠지게 될 것이다. 그렇게 보유 종목의 상승 폭이 컸음에도 수익을 내지 못하는 결과를 맞이한다.

항상 시장에 참여하는 투자자들을 보며 안타까운 것은, 주가가 올라가기 시작하면, 뒤를 돌아보지 않는다. 주가를 올리는 자금이 무한대일 수가 없으며, 그 많은 자금은 반드시 시장에 매도 물량으로 쏟아져 나올 것이기 때문이다. 그 종목이 우량하고, 성장 가능성이 큰 종목일 수 있다. 하지만 그렇다고 매도가 나오지 않는 것은 절대 아니다.

　특히 시가 총액이 낮은 코스닥이나 가상 자산 시장은 급격한 상승을 보이는 경우가 많다. 이런 경우에 저점에서 매수한 투자자들도 적절한 가격으로 수익 실현을 하지 못한다. 좋은 가격에 샀지만, 하락에 대비하지 않았기 때문이다. 고점을 찍은 이후 급격한 하락이 발생하면, 수익이 손실로 바뀔 때까지 손을 못 쓰는 경우가 허다하다. 시장의 자금은 멈춰 있지 않다. 돈을 더 벌 수 있는 곳으로 항상 옮겨 다닌다. 매수를 한 자금은 매도 후 또 다른 종목을 매수하러 이동할 것이다. 매수가 있었다면, 언젠가는 반드시 매도가 있다는 사실을 잊지 말자.

🔟 오를 때 사고 내릴 때 팔아라

아직도 많은 사람이 투자의 정석은 가격이 쌀 때 사서, 비싸게 파는 아주 간단한 원리라고 말한다. 실제로 그런 의미를 담고 있는 서적도 많이 있다. 그런 이야기를 들었을 때 내가 되묻는 것이 있다.

"가격이 싸다는 기준과 비싸다는 기준이 어떻게 될까?"

대부분의 투자자는 여기에 대한 대답을 하지 못한다. 투자에서 싸다, 비싸다는, 즉 가치를 정의하는 것에는 많은 어려움이 따르기 때문이다. 주식에는 가치와 관련된 재무제표와 손익계산서 등 정량적 수치가 있긴 하지만, 재무제표에 따른 기업 가치가 주가에 반영되지 않는 경우가 훨씬 더 많다. 만약 반영이 되었다면, 개인 투자자들이 그렇게 시장에서 많이 낙오되지 않았을 것이다. 그리고 가상 자산의 경우에는 블록체인 기술의 가치를 산정하는 것은 불가능하다.

투자는 결국 기준과 원칙이 중요하다는 것을 앞서 강조해 왔다. 기준과 원칙은 명확하게 정의를 내릴 수 있어야 한다. 주가에서 싸다, 비싸다는 것은 기준 가격이 없기 때문에 명확하게 정의할 수 없다. 하지만 다른 방법으로 정의를 내릴 수는 있다. 바로 오를 때와 내릴 때를 기준으로 잡으면 가능하다. 초등학생에게도 어떤 종목의 주가를 보여 주면, 오르는지 내리는지 대답할 수 있다.

오를 때와 내릴 때가 아닌 싼 가격과 비싼 가격, 이런 적정 가치를 생각하면 고민해야 할 것들이 많아진다. 이 기업의 매출액이 얼마고, 당기 순이익이 얼마이며, 앞으로의 발전 가능성과 재무 건전성 등 고려해야 할 요소들이 수없이 많아진다. 더욱이 만약 주식이 아닌 코인이라면 이 코인의 기술력이 얼마의 가치를 인정받을 수 있는지 생각해 봐야 한다. 리플(XRP)이 트론(TRX)보다 가격이 비싸야 할 이유를 증명할 수 있을까? 실제로 주식과 코인 모두 적정 가치를 구한다는 것은 불가능에 가깝다. 적정 가치를 알 수 없기 때문에 싼 가격과 비싼 가격은 알 수 없는 것이다. 여기서 문제는 투자자들이 적정 가치를 노력을 통해 알 수 있다고 생각하는 것에 있다. 이런 착각은 결코 풀리지 않는 해답을 찾기 위한 시간 낭비이며, 돈을 잃으면 잃을수록 더 집착하게 된다. 투자에서 적정 가격을 알 수 있다는 것은 신적인 존재와 다름 없다. 물론 그런 신적인 투자자가 되는 것이 여러분의 꿈일지 모른다. 하지만 투자에서 헛된 꿈은 항상 독이 된다.

가격이 오를 때와 내릴 때의 기준을 찾아 투자하는 것도 당연히 손실을 만들 수 있다. 하지만 가격이 오를 때 사서, 가격이 내릴 때 팔면 어떠한 결과가 나오는지는 과거 차트를 통해서 확인할 수 있다. 이런 기준을 찾기 위해서는 과거의 차트를 봐야 하고, 더 좋은 기준을 찾기 위해 노력해야 한다. 결국 이런 노력들은 투자자를 성장시킨다. 투자에서 적정 가치를 아는 신적인 존재가 되는 것과 조금씩 성장하는 투자자가 되는 것, 둘 중 하나를 선택하라. 하지만 이제까지 나는 단 한 번도 투자에서 적정 가치를 아는 신적인 존재를 본 적이 없다.

⑪ 추세 추종을 해라

앞서 얘기한 오를 때 사고 내릴 때 파는 투자를 추세 추종 투자라고 한다. 추세 추종 투자는 상승 추세일 때는 적극적으로 매수하고, 하락 추세일 때는 적극적으로 매도하는 것을 말한다. 시장의 방향에 순응하는 매매 전략이라고 볼 수 있다. 많은 기술적 분석가는 수십 년간 수익이 나는 투자 방법 중 하나가 추세 추종 전략이라고 입을 모아 말한다. 이런 추세 추종 투자 방식이 유명세를 치르기 시작한 건 1980년대부터였다. 사실 그 이유는 매우 간단했다. 그 당시에도 대부분의 투자자는 적정 주가를 찾는 것이 투자의 핵심이라고 생각했다. 그런데 컴퓨터 기술이 발달하면서, 과거 데이터에 대한 방대한 자료를 분석할 수 있게 되었고, 그렇게 분석한 결과 적정 가치를 찾는 것보다, 추세 추종 투자가 매우 높은 수익을 낼 수 있다는 사실을 알게 되었다.

추세 추종 전략이 좋은 수익을 낼 수 있다는 것은 시장의 원리에서도 이유를 찾을 수 있다. 시장을 움직일 수 있는 거대한 자금을 가진 집단의 입장에서 보면, 시장이 정체되어 있는 상태에서 파동을 그리게 되면, 많은 수익을 내기 어렵다. 많은 금액을 매수하면, 수가가 올라 매수 평균가도 높아지고, 또 많은 양을 매도하면 그 충격으로 주가가 내려가며 매도 평균가 또한 낮아지게 된다. 거대한 자금이 수익을 내기에는 이런 작은 파동은 효과적이지 않다. 하지만 많은 양을 매수해서 매수 평균가가 오르더라도 이후에 큰 상승세로 이어져, 상승한 이후에 많은 물량을 시장에 매도하면 주가가 그 영향을 받더라도, 많은 수익을 가져갈 수 있다. 그렇기 때문에 시장은 항상 큰 상승 추세와 하락 추세가 주기적으로 나타날 수밖에 없다.

이 외에도 추세 추종 전략을 이용해야 하는 이유는 더 많다. 개인 투자자는 시장을 예측할 능력이 없기 때문에, 시장의 방향에 따라 대응해야 한다.

'예측보다 대응'이라는 말이 여기서 비롯되는 것이다.

"무릎에 사서 어깨에 팔아라."

이런 말을 투자시장에서 많이 들어 봤을 것이다. 사실 많은 개인 투자자는 이 말의 뜻을 오해하고 있다. 가격이 떨어졌을 때 꼭 발바닥이 아니더라도, 무릎 정도일 것 같으면 사고, 가격이 상승할 때, 머리는 아니더라도, 어깨 정도면 팔아도 된다고 생각하는데, 사실 이 말의 핵심은 이것이 아니다. 이 말의 정확한 의미는 주가가 발바닥이 만들어진 이후 무릎까지 올라오면 사고, 주가가 머리가 나온 이후 어깨까지 떨어지면 파는 것이다. 이것은 결국 추세 추종 투자를 의미한다. 발바닥 또는 머리 꼭대기에서 사거나 팔지 못한 것을 위로하는 말이 아닌 것이다.

시장에서 엄청난 상승 추세에 힘입어, 큰 폭으로 오른 종목들을 많이 봐 왔을 것이다. 그런 종목들이 발바닥을 찍고, 상승을 시작한 이후에 무릎에서 샀더라도, 어마어마한 수익을 챙겼을 것이다. 하지만 시장에서 추세 추종은 이상하리만큼 개인 투자자들에게 철저하게 외면당한다. 이유는 무엇일까?

개인 투자자들은 상승 추세가 만들어지기 전에 사서 하락 추세가 만들어지기 직전에 팔고 나오는 투자가 가장 이상적이라고 생각한다. 현실적으로 대단히 낮은 확률이지만, 그런 투자를 하는 것이 최선이라고 생각한다. 이것은 요즘 얘기하는 가스라이팅에 가깝다. 지금 스마트폰을 들어 투자 방송들을 찾아보자. 대부분의 경제 방송이 저점과 고점을 예측을 하는 데에 혈안이 되어 있지 않은가? 그래서 저점과 고점을 예측하는 콘텐츠의 조회 수가 높을 수밖에 없다. 저점과 고점을 알고 싶은 것이 투자자들의 가장 큰 욕망이기 때문이다. 투자자들의 욕망에 반응하여 생산된 콘텐츠들로 인해, 예측을 잘해야 돈을 벌 수 있다고 역으로 세뇌당하는 악순환이 반복된다. 사실 추세 추종 투자자들은 인기가 있을 수 없다. 추세가 나오기 전까지 아무것도 알지 못하기 때문이다. 추세가 나오지 않은 상태에서 누군가 나에게 주가를 어떻게 예측하는지 물어본다면, 나의 대답은 항상 같다.

"저도 모릅니다."

이런 대답을 들은 개인 투자자들은 나를 무책임하다고 생각할 것이다. 물론 나 외에도 추세 추종으로 많은 수익을 내었던 전설적인 투자자(리처드 데니스, 래리 하이트, 브루스 코브너, 존 헨리, 데이비드 하딩, 에드 세이코타 등등)들은 많이 있다. 하지만 그들 역시 인기가 없고, 그렇기에 개인 투자자들도 추세 추종으로부터 관심이 멀어진다. 이것 또한 악순환이다.

그럼 추세 추종은 어떻게 해야 할까? 상승 추세와 하락 추세를 구별하는 것도 어려운 것이 아니냐고 반문할 수 있다. 물론 상승 추세와 하락 추세를 항상 맞출 수는 없을 것이다. 하지만 우리는 과거 데이터를 통해서 상승 추세에서 어떤 현상이 발생했는지, 하락 추세에서 어떤 현상이 발생했는지 분석하고 데이터를 수집할 수 있다. 그 기술적 분석을 바탕으로 상승 추세와 하락 추세를 구별하는 원칙을 만들 수 있다. 절대 어려운 일이 아니다. 적은 확률이더라도 추세를 맞췄을 때, 추세에 올라타 엄청난 손익비를 경험할 수 있을 것이다.

⑫ 투자도 하나의 사업이다

투자를 단순히 잘 맞추면 돈을 벌 수 있는 게임과 같은 형태로 접근해서는 안 된다. 그 어느 곳보다 치열하고, 살아남기 어려운 곳이다. 사업도 투자와 유사한 부분이 많다. 사업을 시작하려면, 남들과 다른 경쟁력 있는 사업 아이템을 구상해야만 한다. 그에 맞는 사업 기획서도 작성해야 하고, 사업이 장기간 지속 가능한지도 판단해야만 한다. 그렇게 고민하여 성공할 수 있다는 확신이 들면, 사업을 시작할 수 있는 자금을 마련해야 할 것이다. 그렇게 저축 및 대출 등을 통해 마련된 자금으로, 사무실 또는 공장을 알아봐야 할 것이고, 함께 일할 좋은 직원들도 채용해야만 한다. 각종 설비와 컴퓨터, 비품 등도 마련해야 하고, 홈페이지, 브로슈어, SNS 마케팅 등 각종 홍보도 필요할 것이다. 그렇게 사업에 뛰어들게 되면, 매달 밀려오는 고정비와 직원들의 월급 등을 감당하기 위해, 이미 자리 잡은 수많은 기업과 피 터지게 경쟁해야만 한다. 그렇게 열심히 최선을 다해도 우리나라 중소기업의 폐업률은 5년간 60%, 10년이면 80%가 넘는다.

그럼 사업에 비해 투자가 쉬울 거라 생각하는가? 주식시장에서 1년간 의미 있는 수익을 내는 사람이 5%밖에 되지 않는다고 말했다. 1년에서 기간이 더 늘어나면 당연히 더 줄어든다. 단순히 이 통계로만 보자면, 투자보다 사업이 훨씬 돈을 벌기 쉽다. 하지만 사업은 많은 준비와 노력이 필요하기 때문에 아무나 쉽게 도전하지 못한다. 하지만 투자는 준비나 노력도 없이 시작하는 사람들이 너무 많다. 투자는 치열한 전쟁터. 아무 준비 없이 이 전쟁터에 뛰어든다면, 외인은 전투기를 타고, 기관은 탱크를 타고, 기존 투자자들은 소총과 권총을 들고 싸우는데, 여러분은 맨몸으로 뛰어드는 것처럼 미련한 짓이다.

투자를 사업과 같이 생각하면 된다. 우리가 사업을 시작할 때 아이템을 신중하게 고민하여, 사업 계획서를 작성하듯이, 투자도 내가 어떤 원칙과 어떤 자금 관리 방식을 가지고 투자할 것인지를 정하고, 그렇게 투자했을 때 수익이 날 수 있는지에 대하여 면밀히 검토해 볼 필요가 있다. 하지만 너무 부정적으로만 생각할 필요는 없다. 사업보다 투자가 매력적인 부분도 충분히 많기 때문이다. 작은 저가형 프랜차이즈 커피숍을 오픈하기 위해서는 최소 5천만 원에서 많게는 1억이라는 비용이 필요하다. 실제로 그렇게 창업을 한다 해도, 월 순수익이 500만 원이 넘는 곳은 거의 없다. 하지만 투자는 필요한 사업 자금이 정해져 있지 않다. 천만 원으로도 아니면 백만 원만 있어도 시작할 수 있다. 이렇게 적은 금액으로도 사업을 시작할 수 있다는 것은 분명히 매력적이다. 그럼에도 투자자들은 이 작은 투자금조차 잃지 않으려는 마음가짐으로 시작한다. 아까 얘기한 프랜차이즈 커피숍만 해도 5천만 원 이상을 인테리어와 설비, 재료 구입 등에 사용하는데, 투자금 백만 원을 온전히 지키려는 욕심은 너무 과도한 것 아닌가?

우리는 투자금을 사업비라고 생각할 필요가 있다. 커피숍을 할 때 인테리어와 설비에 투자했듯이, 우리는 투자금을 지키기 위해 시작할 것이 아니라, 사업비로 사용할 수 있다는 각오로 시작해야만 한다. 아무리 우리가 투자 방식에 대한 연구가 철저했다고 하더라도, 처음부터 수익이 난다는 보장이 없지 않은가. 투자금을 전혀 손해 보지 않겠다는 것은 실현 불가능한 욕심이며, 그런 욕심이 결국 손실을 회피하게 만들어, 합리적인 판단을 방해하게 될 것이다. 투자라는 사업은 유지비가 많이 들지 않는다. 컴퓨터나 스마트폰 하나만 있어도 충분하고, 사무실도 필요 없다. 당연히 직원들 월급을 걱정할 필요가 없으며, 직장을 다니면서도 부업으로도 할 수 있다. 하지만 이런 매력적인 부분을 보기 전에, 어떤 투자 방식을 가지고 시작해야 돈을 벌 수 있을지, 이 투자금이라는 사업비를 어떻게 지출하면서, 수익을 가져갈지 등 사업 계획서보다 오히려 더 깊은 고민이 필요한 것이 바로 투자라는 사업이다.

⑬ 예측은 사치다

투자시장에서 개인이 하는 의사 결정의 대부분은 예측에서 시작한다.

"국내 주식시장은 앞으로 점점 상승할 것 같아."
"경기 침체가 발생해 주식시장이 곧 곤두박질치며 하락할 거야!"
"앞으로 별다른 호재가 없으니, 박스권 움직임으로 예상하고 있어."

이런 방식으로 다양한 예측을 하면서 투자를 진행하고 있을 것이다. 하지만 이런 예측을 통해 수익을 내는 것은 사실 아주 어렵다. 어떤 투자자들은 예측을 안 하면, 어떻게 투자를 할 수 있느냐고 생각할 것이다. 하지만 예측은 거시 경제의 방향성이든, 기술적 투자의 방식이든 모든 방식에서 큰 손실이 발생할 가능성이 크다.

예측이라는 것 자체가 정확하게 맞추려는 목적이 아니다. 예측과 비슷한 과정으로 흘러가리라고 가정하는 것이다. 만약 여러분이 앞으로 경제가 좋아져서 주식시장도 상승장이 지속될 것이라고 예측했다고 가정해 보자. 그렇다면 좋아 보이는 종목들로 매수하기 시작할 것이다. 이후 주식시장이 조금씩 더 하락한다 하더라도, 오히려 추가 매수를 통해 포지션을 점점 늘려 갈 것이다. 하지만 이때 갑자기 증시가 일주일 사이 10% 이상 하락하면 어떻게 될까? 이미 여러분은 상승장이 될 거라는 예측을 기준으로 많은 매수를 실행했기 때문에, 많은 포지션을 들고 있을 것이고, 그 예측했던 의사 결정을 바꾸기엔 이미 많은 손해를 보고 있을 것이다. 많은 손실을 입어 본 사람이라면 알겠지만, 이때부터는 어쩔 수 없이 가치 투자라 위로하며, 상승장을 기다린다. 상승장일 것이라는 예측으로 인해, 대응할 수 없었고, 이미 큰 손실을 본 이후에 투자자들에게는 선택지가 거의 없다. 이런 경우는 투자 과정 중 흔히 발생한다. 물론 예측이 맞는 경우도 있겠지만, 시간이 지나면 예측이 틀리는 경우가 있을 수밖에 없다.

만약 여러분이 기술적 분석을 통한 예측을 했다고 가정해 보자. 비트코인이 3만 달러에서 매물대 지지를 받고 있어, 저항선이 있는 3만 5천 달러까지 올랐다가 그 이후로는 엘리엇 파동으로 인한 하락 파동이 지속될 것이라고 기술적으로 예측한 경우라면 어떨까? 3만 달러에 매수하여 비트코인 가격이 오르기 시작하면, 자신감이 넘치기 시작할 것이다. 그렇게 3만 5천 달러에 도착하면, 자신 있게 공매도(주가가 하락하면 수익이 나는 상품)를 시작할 것이다. 3만 5천을 넘어선다고 해도, 이미 예측이라는 것이 오차 범위가 있을 수밖에 없는 것이기에, 3만 6천, 3만 7천까지 추가 공매도 포지션을 가져갈지도 모른다. 하지만 여기서 예측이 빗나간다면 어떻게 될까? 상승장이 꽤 오래 지속되어, 5만 달러까지 상승했다고 한다면, 과연 여러분은 그 사이에 손실을 끊어 낼 수 있었을까? 예측이라는 것 자체가 오차 범위를 인정하는 것이기 때문에, 분할 매수 또는 분할 매도를 가져가는 매매 방식이 사용될 수밖에 없다. 하지만 이 예측이 빗나갔을 경우 손실이 이미 많이 커진 상태라는 것이 문제다. 이런 경우 대부분의 개인 투자자는 합리적인 의사 결정 자체가 불가능하다. 그렇다고 손실을 끊지 않고 계속 보유한다면, 자칫 파산으로까지 이어질 수도 있다. 물론 예측 범위를 크게 잡는다면, 예측 범위 내에서 주가가 움직일 확률이 더 높다. 하지만, 그 예측을 벗어나는 움직임이 나왔을 때 너무 큰돈을 잃을 수 있다. 당연히 예측 투자를 하다 보면 언젠가는 이런 상황이 발생할 것이고, 회생 불가능한 손실을 보게 될 것이다.

이런 문제가 발생한 이유를 대부분 예측이 틀려서라고 생각하지만, 절대 그렇지 않다. 예측은 언젠가는 틀리기 마련이다. 투자에 실패한 큰 이유는 결국 예측을 하려고 했기 때문이다. 예측을 하지 않고 투자를 어떻게 하냐고 묻는다면, 그 답은 바로 '대응'에 있다.

⑭ 대응이란 무엇인가?

앞서 투자는 예측하는 것이 아니라 대응하는 것이라 말했다. 많은 전문가도 대응이 우선이라 말하고, 대부분의 투자자도 대응해야 한다는 사실은 이미 알고 있지만, 대응을 어떻게 해야 하는지는 알지 못하는 게 현실이다.

투자자들은 대응이라는 것이 실시간 차트의 움직임을 보고, 매수와 매도를 하는 것이라고 생각한다. 과연 개인 투자자가 실시간 차트를 보고 얼마나 민첩한 매매를 가져갈 수 있을까? 여러분은 실시간으로 주가가 급격하게 움직일 때 합리적인 가격에서 매수나 매도를 한 경험이 몇 번이나 있는가? 사실 실시간 차트를 보고 합리적인 대응을 하는 것은 거의 불가능에 가깝다. 가격이 급격하게 오르거나 떨어지기 시작하면 많은 생각과 고민을 하며 망설이게 되어, 빠른 시간에 합리적인 의사 결정을 도출하기 매우 어렵다. 그렇게 결국 선택해야 할 시간을 놓치고 만다. 그래서 대응에 실패하게 되는 것이다. 이 이유는 애초에 대응하는 방법을 잘못 알고 있었기 때문이다.

"대응이란, 가격과 방법을 미리 정해 놓고, ㄱ 가격에 도달했을 때 ㄱ 대응 방법을 실행에 옮기는 것이다."

여기서 중요한 것은 대응 가격과 방법에 있다. 일반적으로 개인 투자자에게 가장 쉬운 대응 방법이 가격이다. 대응 방법은 이동 평균선이나 지지와 저항 등을 통해 매수나 매도를 하는 등 여러 방법이 있지만, 가장 쉬우면서 효율적인 것은, 가격을 가지고 대응하는 것이다.

예를 들면, 삼성전자를 관심 종목으로 두고 매수를 고려하고 있다. 그럼 "7만 원이 되면 사겠다(현재 가격 68,000원)."라고 가격(7만 원)과 대응 방법(매수)

을 정했다. 그럼 이제 실행만 하면 된다. 삼성전자가 6만 원을 가든 5만 원을 가든 여러분은 7만 원이 될 때까지 기다렸다가 사면 된다. 그 가격이 오지 않으면 안 사면 되는 것이다. 매도를 예로 들면, 이미 삼성전자를 65,000원에 매수한 상태이고 "6만 원이 되면 팔겠다."라는 가격과 대응 방법을 정했다고 가정해 보자. 그럼 실행은 매우 쉽다. 삼성전자가 6만 원이 되었을 때 팔면 된다. 삼성전자가 6만 원이 되기 전까지 실시간 차트나 뉴스를 보며 대응 방법을 고민할 필요가 없다. 하지만 대부분의 투자자는 명확한 대응 가격과 방법을 정하지 않는다.

"적당히 손실이 나면 손절해야지."

이렇듯 명확하지 않은 대응 방법을 가지고 시작한다. 삼성전가 주가가 떨어져 6만 원이 되면, 투자자들은 실시간 차트를 보거나 뉴스와 정보를 확인하며, 어떻게 대응할지 다시 고민하고 있을 것이다. 그런 시간에 결국 합리적인 대응 시점을 놓치게 된다. 가격이 더욱 하락한다면, 처음 대응 방법과는 전혀 다른, 가치 투자자로 바뀌고 만다. 대응을 하라는 전문가들도 당연히 명확한 대응 방법을 제시하지 않는다.

"삼성전자가 6만 원에서 지지를 받지 못하고 떨어지게 되면, 손절로 대응하시는 게 좋습니다."

한 전문가가 이렇게 얘기했다고 한다면(사실 이 정도면 굉장히 친절한 편에 속한다), 실제로 저 분석을 가지고 대응은 거의 불가능하다. 만약 6만 원에 도착하여, 위아래로 파동을 만들게 되면, 이것은 지지를 받고 있는 것인지, 아닌지 명확하지 않다. 그러다 가격이 점점 떨어지면 손실은 커지고, 결국 대응해야 할 가격을 놓치고 만다. 실제로 저렇게 친절해 보이는 전문가의 대응 방법조차도 개인이 따라 하기는 어렵다. 그래서 우리는 미리 명확한 대응 가격을 정해 두고 그 가격에 왔을 때 즉시 실행하는 대응 방법을 추구해야 한다. 실시간 차트를 보며 합리적인 대응을 할 수 있다는 착각은 버려라. 이제까지 그렇게 하지 못했을 것이고, 앞으로도 불가능할 것이다. 인간은 감정적 동물이며, 투자에서는 그 감정이 더욱 강하게 요동친다. 실시간 차트를 보고 합리적인 대응을 할 수 있을 거라는 기대를 버리는 그 순간, 여러분은 진짜 대응을 할 수 있을 것이다.

02
투자자의 착각

① 트레이딩에서 자신을 과대평가하지 마라

내가 이렇게 구독자들에게 충고하면, 대부분의 사람은 자신을 전혀 과대 평가하지 않는다고 말한다. 사실 대부분의 우리나라 사람들은 자신을 과대 평가하지는 않는다. 겸손을 미덕이라 생각하는 나라가 아닌가? 하지만 인생을 살면서 자신에 대한 과대평가를 하는 것과 투자시장에서 자신을 과대평가하는 것은 전혀 다르다. 투자시장에서는 단순히 수익에 대한 망상에 젖어자신을 과대평가하는 것이 아니라, 투자시장이 우리를 과대평가하도록 만들고 있다.

우리는 인생을 살면서 이루기 힘든 꿈과 목표를 정하기도 하고, 많은 성공한 사람이 꿈과 목표는 크게 가져야 한다고 말한다. 그 이유는 꿈과 목표를 이루기 위한 과정을 통해 더 발전할 수 있기 때문이다. 하지만 이런 논리가 트레이딩에서는 통하지 않는다.

"트레이딩에서 꿈과 목표는 무엇일까?"

투자자가 꿈꾸는 대부분의 목표는 바로, 부자가 되는 것이다. 하지만 인생에서의 목표는 노력을 만들지만, 투자에서의 목표는 결국 리스크를 만든다.

만약, 여러분이 투자 금액 천만 원을 가지고, 투자자로서의 목표가 10년 이내에 100억짜리 건물의 건물주라고 가정하자. 사실 투자시장에서 천만 원을 가지고 100억 이상을 만든 사람은 로또에 당첨된 사람보다 작다. 결국 이런 투자 목표는 이룰 수 없는 꿈에 가깝다. 천만 원으로 100억 원을 만들겠다는 목표를 달성하기 위해서는, 단리로 계산한다면 연 10억씩 수익을 내야 하며, 복리로 계산한다 해도, 한 해도 빠짐없이 연 100%의 수익률을 만들어야 한다. 이것을 보고 연 100%의 수익이라면 해 볼 만하다고 생각하는 사람들이 있을지 모르겠지만, 역사상 최고의 투자자라고 불리는 워런 버핏의 연 수익률이 20%이며, 이 세상 그 누구도 연간 수익률을 100% 이상 꾸준하게 달성한 사람은 존재하지 않는다.

결국 투자에서 이런 투자 목표는 자신을 워런 버핏보다 더 대단한 투자자가 될 수 있을 거라는 과대평가를 하지 않고서는 꿈꿀 수 없는 것이다. 100억이라는 금액이 다소 과하게 느껴질지도 모른다. 하지만 대부분의 개인 투자자가 돈을 잃는 것을 가정하면, 그 목표가 5천만 원이든 1억이든, 이미 투자시장에 뛰어들어 돈을 번다는 것 자체가 자기 자신을 과대평가하지 않고는 어려운 것이다.

이렇듯 투자시장에서는 자신을 과대평가해야만 한다. 인생을 살아오면서 자신을 한 번도 과대평가해 온 적이 없다고 해도 말이다.

문제는 투자시장에서 자신에 대한 과대평가는 많은 부작용을 만든다는 것이다. 돈을 벌 수 있다는 생각은 투자 금액을 늘리게 되고, 많은 리스크를 감수해야 하며, 시장을 예측할 수 있다는 자신감을 가져야만 한다. 이런 과대평가의 결과는 투자 금액을 늘리는 데서 오는 심리적 압박을 버티지 못하거나, 리스크 관리에 실패하거나, 자신의 판단이 틀렸을 때 잘못을 인정하고 대응할 수 있는 유연성마저 방해한다.

이렇듯 투자를 하는 것 자체가 이미 돈을 벌 수 있을 거라는 과대평가에서부터 시작된다. 그래서 항상 투자를 할 때 나 자신을 과대평가하고 있지는 않은지 확인하고, 겸손한 자세를 유지해야만 수익이 나는 투자자가 될 수 있다.

② 시장과 싸우지 마라

앞서 말했듯이 투자시장은 전쟁터다. 결국 수익이 나는 승자와 손실이 나는 패자가 존재한다. 그래서 우리는 시장과 싸울 수밖에 없다고 생각한다. 시장과 싸운다는 개념은 어떤 개념일까? 전쟁에서 승자와 패자가 느끼는 감정과 똑같다. 내가 산 종목이 오르면 환희에 넘치고, 내가 산 종목이 떨어지면 분노한다. 선물시장이라면 어떠할까? 공매수를 하면 공매도를 보유하는 투자자들을 증오하고, 공매도를 가져가면, 공매수를 한 투자자들을 조롱한다. 실제로 행동으로 실행하지 않더라도 이런 생각이 들기 마련이다. 여러분이 직접 전쟁터에서 싸우는 장수라고 생각하기 때문이다. 이렇게 한쪽의 편에 서서 직접 싸우게 되면, 결국 다른 편으로 넘어갈 수 없다. 이 전쟁터에서 내 포지션에 대한 충성심이 높아지면, 상대에 대한 적대감이 커지기 때문이다. 투자는 합리적 판단이 우선이 되어야 하지만, 전쟁터에서 반대 포지션과 처절한 혈투를 벌이는 투자자들에게 합리적 판단을 기대하기는 매우 어렵다.

이처럼 투자시장이 전쟁터라고 해서, 무조건 직접 싸울 필요는 없다. 그 전쟁을 3자의 시선으로 지켜보는 방법이 있다. 매수와 매도가 처절하게 싸우는 그 전쟁터를 지켜보면서, 이길 가능성이 큰 진영을 선택하면 된다. 전쟁의 우세가 뒤집힌다면, 유연하게 다른 진영을 선택할 수도 있어야 한다. 이런 방법은 투자에서 객관성과 유연성을 갖게 해 준다.

요즘은 커뮤니티가 발달하여, 갤러리, 단톡방, 카페 등에서 투자자들 간에 많은 토론이 오간다. 그러다 보면 나와 생각이 다른 투자자들이 존재하고, 그 부분에 반박 가능한 나의 의견 또한 존재한다. 그런 주장을 하고 설전을 시작하면, 오히려 편협한 사고에 갇히게 된다. 그러다 승리가 보이면 자만에 빠지게 되고, 패색이 짙어져도 단숨에 역전의 승리를 기도하며, 통쾌한

복수를 꿈꾼다. 이런 과정들로 우리는 객관적인 판단력을 잃어버리게 되는 것이다.

사실 우리가 꼭 싸워야 한다면, 싸워야 할 주체는 개인 투자자가 아니다. 막대한 자금을 가진 기관이나 외인이다. 하지만 이들은 직접 우리가 전쟁에 나서서 싸웠을 때 이길 수가 없는 상대이다. 그래서 직접 싸우지 말고, 이기는 편을 찾는 데 주력해야만 한다. 이기는 편을 찾는 방법은 간단하다. 과거 전쟁의 역사를 확인하면 된다. 더 많은 병사가 있는 진영이 승리할 확률이 높았을 것이고, 중요한 성을 점령했을 때 그 전쟁에서 승리할 확률이 높았을 것이다. 아니면, 상대 진영의 땅을 과반수 이상 점령했다면, 전쟁에서 승리할 확률이 높을 것이다.

결국 과거의 차트를 보고, 현재 차트에서 확률적으로 우세한 지점을 충분히 찾을 수 있다는 뜻이다. 물론 이런 확률과 상관없이 뜻밖의 결과가 나타날 수도 있다. 그렇다고 해서 전쟁 때마다 모든 변수를 다 파악할 필요는 없다. 만약 말도 안 되는 이유로 내가 선택한 진영이 패배한다면, 그때는 인정하면 된다. 그 한 번의 전쟁으로 인해, 앞으로 일어날 전쟁 결과의 확률들이 크게 변할 리가 없기 때문이다. 패배를 인정하고, 다음 전쟁에서도 같은 조건으로 선택하면 되는 것이다.

투자에서 감정을 배제하는 것은 매우 중요하다. 직접 싸우지 말고, 전쟁터를 바라보는 관찰자로서 저 높은 언덕 위에서 편안하게 지켜본다면, 좀 더 객관적인 판단 능력과 시장에 대처하는 유연성을 동시에 가져갈 수 있을 것이다.

③ 최저점과 최고점은 알 수 없다

대부분의 개인 트레이더는 수익을 내기 위한 최선의 방법이 최저점과 최고점을 찾는 것이라고 생각한다.

비트코인은 2020년 3월 550만 원에서 2021년 4월에는 가격이 8천만 원을 기록하며, 약 1년 만에 1,400% 이상의 상승률을 기록했다.

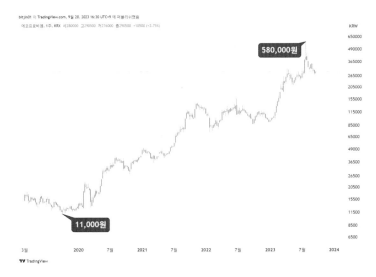

코스닥에 상장되어 있는 에코프로비엠은 2019년 10월에는 11,000원이었지만, 2023년 7월에는 최고점이 58만 원에 도달하면서 5,000%가 넘는 상승률을 만들었다. 과연 우리가 비트코인을 550만 원에 구매해서 8천만 원에 팔 수 있었을까? 아니면 에코프로비엠 주식을 11,000원에 사서 58만 원에 팔 수 있었을까?

시간이 지나고 나면, 우리가 노력했던 최저점과 최고점을 찾는 것은 대부분 실패했다는 것을 알 수 있다. 저런 상승률 속에서 그 누구도 최저점과 최고점을 맞춘 사람은 없을 것이다. 꼭 저런 차트가 아니더라도 최저점, 최고점을 맞추는 것은 대부분 불가능에 가깝다. 그럼 최저점과 최고점을 맞추려고 했던 여러분의 노력이 수익으로 이어질 수 있을까?

실제로 이런 노력들은 수익을 축소하고 손실을 늘린다. 결국 최저점과 최고점에 매수를 하기 위해서는 가격이 하락할 때 매수를 해야 하고, 가격이 상승할 때 매도를 해야 하기 때문이다. 최저점에 가까운 가격에 매수를 했다고 하더라도, 추가 하락을 버티는 것은 생각보다 쉽지 않다. 그리고 최고점을 맞추려는 노력은 가격이 상승할 때는 빠른 매도를 가져오고, 이후 주가가 추가로 더 상승하게 되면, 아쉬운 마음에, 고점에 다시 매수를 하는 악순환이 반복된다.

투자자들은 이렇게 잘못된 투자가 반복되는 것이 최저점과 최고점을 잘 맞추지 못했기 때문이라고 생각한다. 그래서 더욱 최저점과 최고점을 맞추기 위해 노력한다. 하지만 최저점과 최고점은 처음부터 맞출 수 없는 것이기에, 불가능한 것에 도전하는 것이 더 문제가 아닐까? 과연 시장의 가격을 끌어올리는 주체는 최저점과 최고점을 미리 정해 놓았을까?

"절대 그렇지 않다."

결국에 시장에서 돈이 많은 집단이 가장 높은 수익률을 만들기 위해서는, 저가에서 많은 양을 매수하여 가격을 최대한 끌어올려, 고가에서 많은 물량을 파는 것이 가장 효과적이다. 그래서 세력이 가장 매수하기 좋은 가격은 개인 투자자들이 가진 물량을 가장 많이 매도하며, 시장에서 이탈하는 구간이 될 것이고, 가장 매도하기 좋은 가격은 개인 투자자들의 매수 심리가 극대화되는 순간이 될 것이다. 그래야만 저가에서 가격의 상승 폭은 줄이면서 많이 사고, 고가에서는 가격의 하락 폭을 줄이면서, 많은 매도 물량을 개인 투자자들에게 넘길 수 있다. 이것은 가격을 움직일 수 있는 세력이라도, 매수와 매도의 가격을 정해 놓는 것이 아니라, 개인 투자자들의 매도 심리가 가장 높을 때 사서, 매수 심리가 가장 높게 올라오는 구간에서 매도를 하는 것이 가장 효율적이라는 의미이다. 결국 가격을 올리는 세력도 매수, 매도의 가격이 정해져 있지 않은 상황에서, 이 가격을 개인 투자자가 맞출 수 있다고 생각하는 것 자체가 말이 안 되는 것이다.

처음부터 최저점과 최고점을 맞출 수 없다는 전제를 가지고 투자를 시작하면, 투자 습관 자체가 달라진다. 가격에 대한 예측이 사라지고, 시장에 대응히는 투자 습관을 가져온다. 잘못된 관점에서 시작하는 투자에 대한 노력은 결국 손실을 벗어나지 못하는 가장 큰 이유가 된다.

④ 투자에 '감'이란 것은 없다

요즘은 직장 휴게실 또는 흡연실에 삼삼오오 모여, 투자에 대한 얘기를 나누는 모습을 쉽게 볼 수 있다.

"요즘 내가 감이 좋지 않아…."
"네가 종목을 보는 감은 좋잖아!"
"유튜버 중 ○○○는 감이 좋더라."
"애널리스트 ○○○ 분석 봤어? 감이 장난 아니야!"

아마 이런 '감'에 대한 이야기를 해 본 적도, 들어 본 적도 있을 것이다. 꼭 저렇게 말을 하지 않더라도, 내가 감이 있는 사람인지 스스로 고민한 적도 많을 것이다. 정말 투자시장에서 '감'이란 것이 존재할까?

투자에서 '감'이란 말을 꺼내기 전에, 먼저 "여자는 '감'이 좋다(촉이라고도 한다)."라는 말을 들어 본 적이 있을 것이다. 애인 몰래 여사친을 만난 것을 들킨다거나, 와이프 몰래 비상금으로 게임에 현질을 했는데 들키는 등 여자의 '감'에 난처한 상황을 겪은 남자들도 많을 것이다. 이렇듯 여자가 남자에 비해 감이 좋은 이유는, 여자가 남자에 비해 사람의 심리나 행동을 관찰하는 것에 관심이 더 많기 때문이다. 남자의 심리나 행동을 관찰하면서, 과거에 비해 다른 심리나 행동이 나타났을 때, 뭔가 이상하다고 느끼는 것, 이것이 여자가 감이 좋은 이유 중 하나다.

그럼 투자에서의 감은 어디서 나올까? 당연히 차트의 움직임에 대해 관찰하는 것에 관심이 많은 것이 첫 번째가 될 것이고, 두 번째는 그 움직임이 무언가 이전과는 다른 움직임을 나타내었을 때, 우리는 투자에 대한 '감'이 발동할지도 모른다.

차트를 관찰하다 이전과 다름을 느끼는 것.

이전과 다름을 느껴야 하는 이 투자에서의 '감'은 결국 경험이 필요하다. 그러므로 투자 경험이 없는 사람은 '감'이란 것 자체가 있을 수 없다.

"그렇다면 경험만 있다면 '감'이 생길까?"

그렇지 않다. 경험을 했더라도 기억을 못 하면 소용이 없다. 차트에 관심이 있는 투자자라면, 하루에도 수십 개의 차트를 볼 것이고, 시간이 지나면 그 차트들이 머릿속에 뒤엉켜 왜곡되어, 나중에는 어떤 차트가 어떻게 움직였는지 대부분 기억하지 못한다. 나도 만나 본 투자자들 중 '감'이 좋다고 느꼈던 사람들이 있었다. 그들은 대부분 기억력이 매우 좋았다.

하지만 여러분이 기억력이 남들보다 월등히 뛰어나지 않다면, 투자에 대한 '감' 따위는 기대하지 않는 것이 좋다. 사실 애초에 우리가 투자에서 말하는 '감'은 대부분 '운'이었을 가능성이 크다. 하지만 '감'이 없다고 해서 수익을 낼 수 없는 것은 아니다. 그것은 노력으로 해결할 수 있다. 차트가 오를지 내릴지에 대한 '감'은 없지만, 이런 차트가 과거에 있었는지 찾아보며, 올랐는지 내렸는지 확인하는 것은 기억력이 나빠도 누구나 할 수 있는 일이기 때문이다. 앞으로도 여러분에게 '감'은 없을 것이다. 하지만 노력만 한다면, '감'이 있는 투자자보다 더 많은 수익을 낼 수 있다.

⑤ 투자는 후천적 영향이 더 크다

투자에서 선천적으로 타고나야 하는 것이 전혀 없는 것은 아니다. 하지만 실제로 투자는 후천적 영향이 훨씬 더 크다는 사실을 증명한 사례가 있다.

미국의 유명한 투자자 리처드 데니스는 1980년대에 한 가지 실험을 한 적이 있다. 그 실험은 친구 윌리엄 에크하르트와 이런 논쟁에서 시작되었다.

"트레이딩 능력은 과연 타고나야만 하는 것일까?"

리처드 데니스는 후천적으로 훈련을 통해 트레이딩 능력의 향상이 가능하다고 믿었고, 친구 윌리엄은 트레이딩 능력은 선천적으로 타고나야 한다고 주장했다. 그래서 리처드는 터틀 트레이딩이라고 불리는 한 가지 실험을 하게 된다. 그들은 잡지 광고를 통해 무작위로 실험에 참여할 참가자들을 모집했고(면접은 보았다), 그들에게 단 14일 동안 몇 가지의 트레이딩 전략만 가르친 후, 투자금을 주고 각종 선물시장에서 트레이딩을 하도록 했다. 그들은 놀랍게도 대부분 연간 90% 이상의 수익률을 올렸으며, 그 수련생 중 몇몇은 아직도 거대한 자금을 관리하는 펀드매니저로 일하고 있다.

실제로 리처드 데니스가 알려 준 전략은 특별한 것이 아닌 단순한 추세 추종 전략들이었다고 한다. 그럼에도 선천적으로 타고나지 않은 수련생들이 많은 수익을 낼 수 있었다. 그 이유가 무엇일까?

첫 번째는 원칙을 지켰기 때문이다. 실제로 투자 중에 리처드 데니스는 투자 기간에는 큰 조언을 하지 않았다고 한다. 그들은 투자에 대한 지식이 없었기 때문에 오히려 그가 알려 준 원칙에 충실할 수 있었다.

두 번째는 그들의 돈이 아니었기 때문이다. 그들은 리처드 데니스가 나눠

준 자금으로 투자를 했고, 일정의 인센티브만을 받았기 때문에, 상대적으로 감정의 동요가 적었다. 그래서 원칙을 실행하는 데에 전혀 지장이 없었다.

결국 이 실험을 통해 알 수 있는 것은 좋은 원칙을 가지고, 감정을 통제할 수만 있다면, 누구나 수익을 낼 수 있는 투자자가 될 수 있다는 것이다. 투자 능력을 선천적으로 타고나지 않았다 해도 말이다. 결국 수익이 나는 투자자가 되기 위해서 필요한 것은, 후천적으로 발전해 나가야 할 투자에 대한 올바른 습관이다.

⑥ 이런 사람은 투자하지 마라

앞서 후천적으로도 돈을 버는 투자자가 충분히 될 수 있다고 말했다. 사실 대부분의 직업도 후천적 노력을 통해 다 가질 수 있다. 공부를 열심히 해서 좋은 대학에 가거나, 열심히 준비하여 국가고시에 합격한다면 의사, 검사, 변호사, 회계사, 전문직 등 대부분이 가능하다. 하지만 모든 직업에도 선천적인 한계는 존재할 수 있다. 외과 의사가 되고 싶지만 수전증이 있다거나, 변호사가 되고 싶지만 말을 더듬는다거나 등 어쩔 수 없이 그 직업을 포기해야 하는 경우가 있을 수 있다. 투자도 마찬가지이다. 대부분은 노력하면 극복할 수 있지만, 어려운 사람도 분명히 존재한다. 바로 남들보다 급한 성격을 가진 사람들이다.

세계 각국의 사람들이 투자하는 가상 자산 시장에서 가장 손실률이 큰 나라는 어디일까? 예상은 했겠지만, 바로 대한민국이다. 우리 민족의 급한 성격이 빠른 경제 성장을 가져온 것도 사실이지만, 투자에서는 오히려 선천적인 문제에 해당된다. 올바른 투자의 기본 프로세스는 원칙을 세우고, 나의 진입 원칙에 해당되는 가격까지 기다렸다가 매수하고, 이후 목표 가격 혹은 손절 가격에 도착하기를 기다렸다가 매도하는 것이다. 기본 원칙만 보더라도 기다림이 2번이나 발생한다. 이 기다림은 수익을 가져오기 위한 필수 조건이다. 물론 이 기다림이 투자자에게 쉬운 일은 아니지만, 충분히 고쳐 나갈 수도 있는 부분이다.

하지만 다른 사람들에 비해서 상대적으로 더 성격이 급하다면, 사실 고쳐 나가기가 쉽지 않다. 만약 이 책을 읽는 여러분이 성격이 급하다는 이야기를 자주 듣는다면, 정말 투자를 계속해야 하는지에 대한 진지한 고민을 꼭 해 보길 바란다.

이런 나의 만류에도 꼭 투자를 해야겠다면, 명상을 추천한다. 아침에 일어나, 글로벌 시장이나 경제지수 등을 확인하지 않은 상태에서 30분 이상 명상을 하는 방법이 있다. 사실 30분 늦게 차트와 가격을 확인한다고 해도, 그것이 여러분의 투자에 큰 영향을 미치지 않는다. 명상을 통해, 시간을 소비하며 생각을 정리하는 것에 대한 편안함을 느낄 수 있어야만 한다. 이런 생각들과 함께 명상을 한다면, 급한 성격을 컨트롤하는 데 도움이 된다. 나 역시도 조급한 투자를 한다고 생각될 때 투자를 쉬며, 명상을 하곤 했는데 많은 도움이 되었다.

선천적인 성격으로 인한 요인 외에도 투자를 하지 말아야 할 사람들이 있다. 사회생활에서 스트레스를 많이 받는 사람들이다. 도박과 투자는 분명히 다르지만, 대부분의 사람은 도박과 투자에서 수익이 발생했을 때, 도파민이 분출된다. 도파민은 사람을 흥분시켜, 살아갈 의욕과 흥미를 제공한다. 결국 스트레스를 많이 받는 환경에서의 투자 과정은 스트레스의 해소로 이어지며, 불필요한 투자를 늘리는 원인이 된다. 투자를 하기로 마음을 먹었다면, 현재 많은 스트레스를 느끼는 상황이 아닌지 확인해야 한다. 투자를 위해서는 정서적인 안정도 굉장히 중요하기 때문이다.

마지막으로는 자금의 출처다. 항상 투자는 손실을 각오로 시작해야 하는 것임을 강조해 왔다. 투자에서 수익이 나는 정상적인 구조는 손실과 수익이 반복되는 과정 속에서 수익이 좀 더 많을 때이다. 하지만 잃으면 안 되는 자금이라면, 손실을 각오할 수가 없다. 그럼 당연히 투자에서 손실을 확정 지을 수가 없고, 방치하게 된다. 실제로 투자금의 출처와 수익과의 관계를 보면, 오래 사용하지 않아도 되는 돈으로 투자할수록 수익이 발생할 확률이 훨씬 더 높았다. 대출이나 단기간만 사용이 가능한 금액 등으로 투자를 한다면 당연히 좋은 결과가 나올 수 없다.

위 내용을 보고 여러분이 이미 다 아는 것이라고 생각할 수도 있다. 하지만 이런 작은 것들이 모여, 결국 그 사람의 수익을 결정짓는다. 수익이 나는 투자자가 되는 것은 매우 어려운 일이다. 만약 하나라도 해당되는 사람이라면, 투자를 멈추거나 개선한 후에 투자할 것을 추천한다.

⑦ 익절은 항상 옳지 않다

투자 커뮤니티에서 '익.항.옳.'이라는 줄임 말을 들어 본 적이 있을 것이다. "익절은 항상 옳다."를 줄인 말로, 익절(수익)로 포지션을 종료하는 것은 항상 옳다는 의미이다. 투자에서는 긍정적인 표현으로 상대방을 칭찬하거나, 스스로를 위로할 때 쓰기도 한다. 하지만 이런 말 자체가 투자에 대한 습관을 망친다는 사실을 대부분 알지 못한다. "익절은 항상 옳다."라는 말을 풀이하면, 다음과 같다.

"수익을 많이 내지는 못했지만, 수익이니까 잘한 거야."

그렇다면 수익으로 매도한 것은 무조건 잘한 것일까? 예를 들어 이 앞의 투자에서는 100만 원의 손실을 보았다. 그리고 이후 투자에서는 10만 원의 이익을 얻었다. 그럼에도 수익으로 종료한 투자는 잘한 것일까? 더구나 이 문장에 붙어 있는 '항상'이란 말 때문에 잘못된 투자 신념에 빠질 수 있다. 이런 수익만을 강조하는 투자 방식은 상승을 시작하는 초입에 작은 수익으로 매도하거나, 또는 수익 중이던 종목이 진입 가격에 가까워져 손실에 대한 두려움을 느낄 때, 작은 수익으로 매도하는 결과로 이어진다. 그리고 작은 손실에는 추가 매수를 하며, 수익으로의 전환을 중요하게 생각하고, 큰 손실이 났을 때는 수익으로 전환될 때까지 아무것도 하지 않는다. 이는 전형적인 개인 투자자들의 나쁜 투자 습관으로 승률은 높고, 수익은 적고, 손실은 크게 가져감으로써, 장기간으로 보면 손실을 보는 결과를 가져온다.

특히 '익.항.옳'은 이런 나쁜 투자 습관을 오히려 잘한 것이라고 격려하는 데 이용된다. 개인 투자자가 시장에서 수익을 낼 수 있는 확률을 가장 높이는 방법은 좋은 손익비를 가지는 투자를 하는 것이다. 승률이 낮더라도 수익은 많이 내고, 손실은 적게 가져가는 것을 지향해야만 한다. 실제로 대부분의 프로 트레이더는 승률이 40%를 넘지 않는다. 그럼에도 무조건 수익으로 마감했으면 잘했다는 식의 표현은 나쁜 투자 습관을 오히려 부추기는 형태가 되는 것이다. 하지만 이런 잘못된 줄임 말이 커뮤니티에서는 보편적인 진리로 통용된다는 것이 안타깝다. 그 누구도 저 줄임 말에 대해 문제를 제기하지 않는다. 적어도 이 책을 보는 독자들은 저런 줄임 말을 쓰지 않기를 바란다. 익절이 옳은 경우는 손익비가 좋은 투자를 했을 경우에만 해당된다. 하지만 개인 투자자들은 다수가 손익비가 나쁜 트레이딩을 하고 있기 때문에, 실제로 대부분의 익절은 옳지 않다. 앞으로는 커뮤니티에서 익.항.옳이란 줄임 말이 등장했을 때, 이 책의 독자들은 반기를 드는 한 명이 되었으면 한다.

⑧ 전업 투자자를 꿈꾸지 마라

대부분의 투자자가 꿈꾸는 것 중 하나가 바로 전업 투자자다. 많은 사람이 근로소득을 얻는 과정에서 많은 체력과 시간을 소비하고, 많은 스트레스를 동반한다. 만약 투자로 근로소득보다 더 많은 수익을 얻을 수만 있다면, 시간과 체력의 소비와 스트레스에서 벗어나 전업 투자자로서 편안한 인생을 살아가는 아름다운 꿈을 꿀 수 있을 것이다.

하지만 현실은 전혀 다르다. 전업 투자자는 생각보다 굉장히 고통스러운 직업이다. 물론 나 또한 투자로 꾸준히 수익을 얻고 있고, 전업 투자자에 가까운 생활을 하고 있지만, 아직도 근로소득에 대한 고민을 항상 하고 있다. 물론 유튜버로 활동하거나, 이렇게 책을 쓰는 것도 투자 이외의 소득을 올리기 위한 방법 중 하나이다.

"왜 전업 투자자가 고통스러울까?"

항상 얘기하지만, 투자로 지속적인 수익을 얻을 수는 없다. 지속적인 수익을 얻는 것과 수익이 나는 투자자로 남는 것은 전혀 다른 이야기이다. 문제는 전업 투자자가 되면, 지속적인 수익이 필요하다는 데에 있다.

나도 전업 투자자를 한 적이 있다. 나는 항상 사업을 하면서 투자를 병행해왔다. 하지만 사업이라는 것도 항상 잘되진 않는다. 결국 나도 사업이 잘 풀리지 않아, 어쩔 수 없이 할 수 있는 일이 투자밖에 없을 때가 있었다. 그 당시에 투자로 수익을 내고 있었기 때문에, 반강제로 전업 투자자가 되었다.

"사업이 이렇게 안정적이지 않다면, 차라리 투자에 집중해 보는 게 어떨까?"

그래서 사업에 관련된 일은 대부분 놓고, 아침부터 HTS만 보고 있었던 시기가 있었다. 그렇게 나는 타의 반, 자의 반으로 전업 투자자를 시작했다.

실제로 나는 굉장히 보수적인 투자자에 해당되기 때문에, 당시에 투자금액 1억 원으로 한 달에 500만 원, 약 5%의 정도의 목표를 정해 두고 시작했다. 한 달 수익 목표를 정할 수밖에 없었던 이유는 이미 월에 얼마를 버느냐로 계산하는 근로소득에 익숙해져 있었기 때문이다. 물론 시간이 지나면 목표 금액도, 투자금도 늘려 갈 예정이었다. 첫 달에는 목표 금액 이상을 달성했던 걸로 기억한다. 하지만 나는 그 생활을 6개월 만에 접고, 다시 사업을 열심히 하기 시작했다. 그 이유가 무엇일까?

실제로 나의 과거 주식 투자 내역을 보면(유튜브로 계좌를 공개한 적이 있다), 연 단위로는 손실을 본 적이 거의 없지만, 월별로 모든 달이 수익인 해는 존재하지 않았다. 실제로 나의 능력으로는 월 5%의 수익은 애초에 달성할 수 없는 수치였던 것이다. 하지만 내가 과연 이 사실을 전혀 몰랐을까? 한두 달 잃는다 해도, 다음 달에 더 벌면 가능한 것이고, 1년 단위로 수익을 낸다면 괜찮은 것이라고 생각했다.

하지만 현실은 그렇지 않았다. 내가 세운 5%의 목표는, 잃고 있는 나에게 월말로 갈수록 리스크가 있는 투자를 하게 만들었고, 수익과 손실의 결과에 따라서 나의 생활은 달라져 갔다. 월말이 다 되어 갈 때 손실 중인 경우라면, 쉽게 많은 수익을 만들어 줄 종목이 없는지 찾았고, 투자도 과감해져 갔다. 그로 인해 더 큰 손실을 본 달도 존재했다. 그렇게 손실을 크게 본 달은 지출을 거의 하지 않았다. 돈이 있었음에도 라면으로 끼니를 때우거나, 무조건 싼 것만 찾아다녔다. 그렇게 전업 투자자의 생활은 피폐해져만 갔다. 그 다음 달 수익이 나도, 나는 허리띠를 졸라매었다. 그 이유는 다음 달에 또 손실을 볼 수 있기 때문이었다. 그에 따라 감정 기복도 심해졌고, 하루하루가 전혀 행복하지 않았다. 그때 문득 깨닫게 된 것이 있었다. 위대한 투자자 대부분이 은퇴가 빠른 이유와 그들이 전업 투자자가 아닌 펀드매니저가 되는 이유가 무엇인지 말이다. 사실 나는 다른 사람보다 침착하고, 감정 기복이 없는 편에 속한다. 하지만 그런 나조차 전업 투자자가 되었을 때 올바른 투자를 할 수 없음을 느꼈다. 그 6개월이란 기간 동안 육체적으로 조금 편했을지 모르겠으나, 정신적으로는 매우 힘든 시간이었다. 그래서 나는 다시 사업과 투자를 병행하기 시작했다. 그 이후 투자에서 과거의 침착함을 되찾을 수 있었다.

여러분은 대부분 본인의 일을 하며, 투자를 하고 있을 것이다. 투자에 뒷받침이 되는 근로소득이 있음에도 손실은 고통이었을 것이다. 하지만 전업 투자자는 다른 수입원이 없는 상태이므로 손실에 대한 고통이 더욱 치명적이다.

"과연 여러분이 감당할 수 있겠는가?"

전업 투자자는 꿈도 꾸지 마라. 지금 하는 일에 집중하며, 투자를 통해 조금 더 부를 쌓아 간다는 것에 만족하자. 전업 투자는 대부분의 개인이 버틸 수 없는 고통이 뒤따른다는 사실을 명심하자.

⑨ 투자자들이여, 제발 노력을 하자!

여러분은 투자 혹은 트레이딩을 위해 얼마나 노력하는가? 투자로 인해 생기는 기대 수익에 비하는 노력을 하고 있는가?

대부분의 투자자가 생각하는 기대 수익은 근로소득 이상인 경우가 많다. 근로소득은 손실이 없지만 투자 수익은 손실의 가능성이 있기 때문에, 더 많은 수익을 얻기 원하는 건 어쩌면 당연한 생각일지도 모른다.

그렇다면 사람들은 지금의 근로소득을 얻기 위해 얼마나 많은 노력을 했을까? 대부분의 경우는 초등학교 6년 교육을 받았을 것이고, 중·고등학교 6년간의 시간을 소비하며, 대학 진학을 위해 노력했을 것이다. 그리고 대학에 진학하여, 2년에서 4년에 해당되는 시간을 좋은 학점을 위해 학업에 매진했을 것이며, 졸업 이후에는 취업을 위한 시험 준비, 각종 자격증 취득 또는 대학원에 진학하는 등의 시간을 소비했을 것이다. 그렇게 대부분의 사람이 지금의 직업을 가지기 위해 노력한 기간은 평균적으로 20년 내외이다. 물론 그 20년이란 시간이 온전히 지금의 직업을 가지기 위한 노력이 아니었다 하더라도, 그 기간 중 일부라도 빠진다면, 지금 여러분의 직업을 가지지 못했을 것이다. 그렇게 얻은 근로소득과 기간을 투자와 단순하게 비교하면, 현재 연봉의 50%가 기대 수익이라면, 10년이란 노력이 필요하다는 것이다.

물론 10년 동안 투자를 위해 준비하고 시작하라는 의미는 아니다. 하지만, 근로소득을 위해 그 많은 시간을 투자했음에도 불구하고, 왜 투자 소득을 위해서는 작은 시간마저 아까워하는 것일까? 개인 투자자 중 한두 달 투자를 하고 뭔가를 깨달았다고 생각하는 사람도 있고, 어떤 사람들은 1년을 투자하고 깨달음을 얻은 것처럼 행동하기도 한다.

"너무 과도한 욕심이 아닐까?"

돈을 버는 방법은 근로소득이 투자 소득보다 훨씬 더 쉽다. 앞서 말했듯이 손실이 없기 때문이다. 그에 비해 투자 소득은 손실의 가능성이 존재하므로, 돈을 벌기 훨씬 더 어려운 방법에 속한다. 그럼에도 불구하고 여러분은 근로소득보다 투자 소득에 항상 소홀한 노력을 해 오고 있는 것이다.

또한 투자를 위해 노력했다는 기간조차도, 온당한 노력이 아니다. 경제 또는 투자 관련 뉴스와 유튜브를 매일 보는 것, 아니면 매일 차트를 확인하고 선을 몇 번 그어 보는 것이 노력이라고 할 수 있을까?

내가 생각하는 투자에 대한 노력은 이런 방법으로 투자를 하면 돈을 벌겠다는 원칙을 만들어 내는 것에 있다. 이 원칙은 시장에서 어떤 상황이 펼쳐지더라도 돈을 벌 수 있어야 하며, 과거에도 이렇게 투자했을 때 돈을 벌었어야 한다. 이런 확신을 갖기 위해선 꽤 많은 시간을 필요로 한다.

원칙을 정하기 위해 어떠한 조건을 이용해야 할지에 대한 고민이 필요할 것이고, 그 고민을 바탕으로 실제로 내가 투자했을 때 수익이 나는지 확인 직업이 필요하다. 또한 이런 방법으로 수익이 나는 여러 가지 원칙을 만들어야 하고, 그에 따라 자금은 어떻게 나누어 투자할 건지도 고민해 봐야 한다.

이런 과정들을 진행하려면 하루 5시간씩, 최소 1년 이상의 시간은 필요하다고 생각한다. 단순히 누워서 유튜브를 보는 1년의 시간이 아니다. HTS를 열어 각종 방법을 조합해 보고, 백테스트를 해 보는 정말 고3 때와 같은 마음가짐으로 공부를 하는 1년의 시간인 것이다. 하지만 이 1년이란 시간은 근로소득에 들어간 노력에 비하면 굉장히 적은 시간이다. 그만큼 효율적이라고 볼 수 있다. 하지만 나는 이 정도의 노력을 하는 투자자들은 거의 본 적이 없다. 어떤 사람들은 자신이 노력을 했다고 하지만, 내 기준으로는 아주 적은 노력에 불과하거나, 아니면 전혀 쓸데없는 노력을 하는 경우가 대부분이다. 지금부터라도 이 정도의 노력을 진행한다면, 여러분이 근로소득의 50% 이상을 투자 소득으로 가져가는 것도 불가능하지 않다. 하지만 아무도 이런 노력을 하지 않기에, 대부분의 개인 투자자가 돈을 잃고 있는 것이다. 나는 지금도 저녁이 되면 HTS를 열어 원칙을 찾기 위한 노력을 하고, 매일 투자 관련 서적을 읽고 있다. 여러분이 정말 투자 소득을 얻고 싶다면 지금이라도 고 3이라는 마음가짐으로 1년만 노력하자. 투자는 그 노력 이후에 시작해도 절대 늦지 않다.

⑩ 이해할 수 없는 정찰병

개인 투자자들의 투자 방법 중 전혀 이해가 안 되는 것들이 몇 가지 있는데, 그중 하나가 정찰병이다. 커뮤니티에서 한 투자자가 정찰병을 보냈다고 하면, 아무도 문제를 제기하지 않는다.

"정찰병을 보내는 바보 같은 행동을 왜 하는 거죠?"

내 상식으로는 이런 반응이 나와야 하는데 그렇지 않다. 그 이유는 정찰병을 투자자의 보편적 행동이라고 받아들여, 당연하게 생각하기 때문일 것이다.

정찰병의 사전적 의미는, 작전에 필요한 자료를 얻기 위해 정세를 살피는 병사를 말한다. 이 뜻을 투자에 대입한다면, 차트의 움직임에 대한 자료를 얻기 위해 소량의 자금을 먼저 매수하는 행위로 볼 수 있다. 여기서 투자에서의 정찰병과 실제 정찰병과 큰 차이점이 보이는가?

전쟁에서 정찰병을 보내는 이유는 현재의 진지에서 저군의 상황이 보이지 않기 때문에, 적진이 보이는 곳 또는 내부까지 가서 자료를 얻어 내는 것인데, 차트는 굳이 소량의 매수를 하지 않아도 다 볼 수 있지 않은가?

조금만 생각해 보면 이것은 매우 한심한 일이다. 그런데 왜 이런 행동을 하는 것일까?

사실 개인 투자자가 정찰병을 보내는 목적은 정찰이 아닌 다른 곳에 있다. 바로 '시장 참여'이다. 굳이 소량의 매수를 하지 않아도 정찰이 가능함에도, 정찰병을 이유로 매수하는 것은 단지 그 시장에 매수자로 참여하고 싶은 것이다. 사실 이것은 도박장에서 도박판에 앉고 싶어 하는 심리와 큰 차이가 없다.

어떤 사람들은 큰 금액도 아니고 작은 매수를 도박으로 본다고 발끈할지 모르겠으나, 사실 다른 이유로는 정찰병이 설명되지 않는다. 투자에서 정찰병을 보냈던 사람들은 자기 자신에게 꼭 물어봐야 한다.

"구경만 하기에는 너무 재미가 없고 답답하니, 적은 금액으로라도 시장에 참여하고 싶어서가 아니었는가?"

그 정찰병으로 수익이 난들, 적은 수익이 나는 것이 무슨 소용이 있겠는가? 어쩌면 충분히 관찰자의 입장에서 살펴볼 수 있는 종목임에도, 정찰병을 보냈다는 이유만으로, 주가가 하락할 때 지속적인 매수를 하는 경우도 있다. 굳이 왜 이런 불필요한 행동을 해야만 하는가? 충분히 종목을 관찰하고 매수 시점이라고 생각된다면, 정찰병 없이 과감히 매수하면 된다.

이 정찰병을 강조하는 이유는, 도박과 같은 심리로 매수를 하면서, 이것이 도박의 심리에서 비롯되었다는 것을 모르고, 보편적인 투자 방식이라고 포장하고 있기 때문이다. 원래 투자는 힘들고, 어렵고, 고통스러운 작업이지, 절대 하고 싶은 것, 즐기고 싶은 것이 되어서는 안 된다. 적어도 이 책을 본 독자들이라면, 누군가 정찰병을 얘기할 때 나와 같은 조언을 해 주길 바란다.

⑪ 투자는 내가 하고 싶을 때 하는 것이 아니다

우리가 종목을 사는 시기는 언제여야 할까? 사실 투자나 트레이딩에서 종목을 고르는 것과 종목을 사는 시기, 이 두 가지 중 더 어려운 것을 고르자면 그것은 시기이다. 투자시장에서 좋은 종목은 너무도 많다. 하지만 이 종목을 언제 사느냐에 따라서 투자 수익은 극명하게 갈린다. 물론 이 시기에 대한 고민은 많은 기술적인 분석이 필요할 것이다. 하지만 지금 하려는 말은 매수 시기를 찾는 방법을 얘기하려는 것이 아니다.

"여러분은 언제 사는가?"

이 책을 보는 대부분의 사람은 전업 투자자보다는 각자의 일을 하면서 투자하는 사람이 훨씬 많을 것이다. 전업 투자자가 아니라면 우리는 차트를 항상 보고 있을 수 없다. 우리가 투자를 할 수 있는 시간은 한정되어 있다. 그렇다면 우리는 직장에서 시간이 날 때 몰래 MTS를 보고 주식을 매수할 수 있고, 점심시간에 매수할 수도 있다. 퇴근 이후에 식사를 마치고 책상에 앉아, 가상 자산 차트를 살펴보거나, 늦은 밤 미국 주식을 보며 투자하는 사람들이 있다. 하지만 이런 방식에는 문제가 있다. 결국 내가 가능한 시간에 한다는 것이다. 사실 중장기 투자자라고 한다면, 큰 문제는 없다. 내가 시간이 될 때 종목을 찾고, 하루 중 가능한 시간에 매수를 하는 것은 당연한 일이다. 하지만 데이 트레이딩이나 단기 투자를 하는 사람이라면 이야기가 전혀 다르다. 데이 트레이딩이란 일반적으로 하루 또는 이틀간의 짧은 기간에 사고파는 단기 트레이딩을 말한다. 일반적으로 보유 기간과 수익률은 비례하기 때문에 데이 트레이딩 자체를 추천하지 않는다. 그 말은 트레이딩 주기가 짧을수록 손실이 발생할 가능성이 커진다는 뜻이다. 그럼에도 단기 투자를 하는 사람이라면, 가능한 시간에만 차트를 보고 트레이딩을 해서는 안 된다. 내가 시간이 될 때 차트를 보고 오를지 내릴지 판단해서는 안 된다는 뜻이다.

"그럼 어떻게 해야 할까?"

바로 오를 확률이 높은 차트를 기다리는 것이다. 지금 당장 차트의 방향성을 맞추는 것보다, 좋은 차트를 기다리는 것이 확률적으로 유리하다. 이렇게 유리한 확률적 우위를 가져갈 수 있음에도, 내가 시간이 된다는 이유로 트레이딩에 참여해서는 안 된다. 확률적으로 높은 자리가 발생할 몇 가지의 차트를 골라 놓고, 틈틈이 그런 자리가 왔는지 확인만 하면 된다. 직장생활을 하면서도 충분히 가능하며, 여러분의 일상생활에 많은 피해를 주지도 않을 것이다.

'이제 시간이 있으니, 트레이딩을 좀 해 볼까?'

이런 생각은 강원랜드로 향하는 사람들의 마음과 다를 바 없다.

⑫ 잃지 않으려고 노력하지 마라

대부분의 투자자는 처음 주식이나 가상 자산에 투자할 때 잃어도 되는 적은 금액으로 시작한다. 하지만 잃어도 되는 돈은 없다. 시작한 이후 돈을 잃기 시작한다면, 더 많은 금액으로 투자하는 게 일반적이다. 그럼 수익이 나면 어떨까? 수익이 나면 적은 금액으로 시작한 자신을 자책하며, 더 많은 금액을 투자한다. 결국 적은 금액으로 투자를 시작했다고 하더라도, 이후 투자 금액은 점점 늘어나게 된다. 투자 금액이 늘어날수록 당연히 돈을 잃지 않으려고 노력하게 된다.

'이번에는 절대 잃지 말아야지….'

어떤 종목을 살 때 이런 생각을 해 본 투자자들이 많을 것이다. 특히 여유 자금이 아닌, 생활비나 대출금 등 단기로 이용 가능한 금액으로 투자할 때 더욱 많이 나타난다. 하지만 이 생각은 시작부터 잘못되었다. 어떤 시점에 투자하더라도, 시작부터 수익을 얻을 수는 없다. 여러분이 매수한 그 시점이 최저가일 확률은 매우 낮기 때문이다. 그렇다면 대부분 손실이 발생하는 구간이 생긴다.

"잃지 않겠다고 시작한 투자는 손실이 발생하면 어떻게 할까?"

잃지 않는 것을 목표로 시작했다면, 손실을 확정 지을 수가 없다. 수익으로 전환되기만을 기다려야 한다. 시간이 지나도 수익으로 전환되지 않고, 손실이 커진다면 문제는 더욱 심각해진다. 잃지 않아야만 하는데, 이미 손실

폭이 너무 커져 수익으로 전환될 기미가 보이지 않는다. 여기서 할 수 있는 선택은 추가 매수, 즉 물타기이다. 추가 매수를 한다면, 손실은 똑같지만, 나의 진입 가격, 즉 잃지 않는 곳까지의 거리는 가까워진다. 잃지 않을 가능성을 더 높일 수 있는 것이다. 하지만 이후에도 가격이 하락한다면, 그 투자자에게 미래는 없다. 잃지 않으려는 생각 때문에 이렇게 깡통을 차는 경우가 허다하다. 물론 이런 경우 말고, 수익으로 가는 경우도 분명히 있을 것이다. 손실을 잘 버텨서 드디어 수익으로 전환되었다. 하지만 차트라는 것은 파동을 반복하면서 움직이기 때문에, 매수 가격 근처에서 상승과 하락을 반복하는 기간이 발생할 것이다. 잃지 않겠다는 결심으로부터 투자를 시작했다면, 다시 손실로 가는 것은 굉장한 심리적인 압박이다. 그래서 이런 경우 손실로 돌아가지 않기 위해서 대부분 작은 수익으로 매도하게 된다. 이렇게 잃지 않으려는 심리는 손실이 발생하면 아주 크게 발생할 수 있고, 수익이 난다고 하더라도 작은 수익으로 매도하게 된다. 투자는 수익을 많이 내는 것이 목적이어야지, 손실을 피하는 것이 목적이 되어서는 안 된다. 여러분의 투자가 위의 예시와 비슷하다면, 여러분은 '손실 회피 성향'을 가진 투자자로 볼 수 있다. 사실 대부분의 개인 투자자가 '손실 회피 성향'을 가지고 있다. 하지만 돈을 잃는 원인이 손실 회피 성향 때문이라는 것을 모른다. 손실의 원인을 종목 선택의 문제나 매수 시기의 문제로 치부한다. 그래서 더 좋은 종목을 선택하는 방법을 찾으려고 애쓰거나 적절한 매수 시기를 찾으려고 노력한다. 물론 이런 노력들로 조금은 더 나은 투자자가 될 수는 있다. 하지만, 손실 회피 성향을 극복하지 못한다면, 결과는 크게 달라지지 않을 것이다. 이런 성향은 인간의 본성에 가까운 것이기 때문에 극복하기 위해 노력한다고 해도 쉽게 달라지지 않는다. 그래도 개선할 수 있는 몇 가지 방법이 있다.

첫 번째 방법으로는 여유 자금으로 투자하는 것이다. 여유 자금이라면,

처음부터 잃지 않겠다는 굳은 결심을 하지 않을 가능성이 조금 더 크다. 그렇다면 손실 회피 성향을 좀 낮출 수 있다.

두 번째는 투자 금액을 줄이는 방법이 있다. 결국 투자 금액이 높을수록 잃지 않으려는 심리가 높아진다. 무조건 투자 자금을 줄이라는 뜻은 아니다. 투자 자금을 분배하여 여러 종목이나 여러 시장에 분산 투자함으로써, 한 번의 투자 금액을 낮추는 것이다.

마지막으로는 자주 강조한 손절 가격을 정하는 것이다. 손절 가격을 정하는 것은, 내가 잃을 금액을 먼저 계산할 수 있다. 손절을 했을 때 잃는 금액이 크다면, 비중을 조절하여 적절한 투자 금액을 선택하기에 용이하다.

이런 방법들을 통해 손실 회피 성향에서 벗어나 보자. 벗어나지 못한다면 투자하는 기술이 아무리 좋아지더라도, 결과는 결코 바뀌지 않을 것이다.

"손실이 나는 투자자는 이번에는 잃지 않겠다는 생각을 먼저 하고, 수익이 나는 투자자는 이번 투자에서 발생할 손실을 먼저 생각한다."

⑬ 최신 편향의 오류

투자자들은 투자를 하면서 수많은 오류를 범한다. 이런 오류들의 가장 큰 문제는 내가 이런 오류를 범한다는 사실을 모른다는 것이다. 그렇게 감춰진 오류 중 하나가 바로 최신 편향이다. 최신 편향의 의미는 과거에 있었던 사실보다, 최근에 있었던 사실에 더 몰입하는 성향을 말한다. 투자에서 이런 최신 편향에 치우쳐 실패하는 사례를 알아보자.

첫 번째는 정보다. 물론 나는 정보 자체가 투자에 큰 도움이 되지 않는다고 생각하지만, 사실에 근거한 내용이라면 주가에 영향을 줄 수는 있다. 하지만 그런 사실적 정보에서도 과거에 있던 정보들은 무시하고 최신 정보에만 집중하는 경우, 더 큰 오류를 범할 수 있다. 예를 들어, 매년 100억대의 적자를 내는 기업이 있다고 할 때, 20억 원의 수주 계약을 맺었다고 주가가 오를 거라고 생각하는 착각이다. 20억 원의 수주를 얻어 10% 영업 이익을 기록한다고 해도, 겨우 2억 원의 적자를 메울 뿐이다. 그럼에도 앞으로 주가가 오를 거라고 착각하는 건 정보에 대한 최신 편향으로 볼 수 있다.

두 번째는 원칙이다. 과거 몇 년간 수익을 내지 못했던 투자 방법임에도, 최근에 수익을 냈다고 해서, 이 방법이면 충분히 돈을 벌 수 있다는 착각을 하곤 한다. 시장은 차트의 움직임에 따라 추세 기간과 비추세 기간으로 나눌 수 있다. 추세 기간은 상승장 또는 하락장이 지속되는 시기를 말하며, 비추세 기간은 추세 없이 박스권에서 움직이는 기간을 말한다. 두 기간은 항상 반복된다. 추세 기간이라면 추세 추종(가격이 오를 때 매수하고 가격이 내릴 때 매도하는 방법) 전략이 유리하고, 비추세 기간이라면 역추세 매매(가격이 내릴 때 매수하고 가격이 오를 때 매도하는 방법)가 유리하다. 최근 비추세 기간이 지속되어, 역추세 매매를 선호하게 된다면, 다음에 오게 될 추세 기간에서 어마어마한 손실을 볼 수 있다. 단순히 최근에 수익을 좀 낸 투자 방법이라고 해서, 앞으로 돈을 계속 벌어다 줄 거라는 보장은 없다.

세 번째로 최신 편향에서 가장 위험한 것은 가격이다. 가격이 가장 위험한 이유는 가장 쉽게 최신 편향에 빠지며, 인지하지 못한다는 것이다. 삼성전자를 예로 들면, 삼성전자는 2010년 초중반 가격이 2만 원대였다(액면 분할가 기준). 2016년에는 3만 원을 넘어서기 시작했다. 오랜 기간 2만 원이었던 주가가 3만 원이 되었으니 50%나 비싸진 것이다. 최신 편향에 빠지면 매도를 할 수밖에 없다. 그 이후 삼성전자의 주가는 2021년 9만 원을 넘어섰다. 그리고 다시 7만 원까지 내려온다면, 이제는 다시 주가가 싸게 느껴진다. 그렇다면 매수를 할 수밖에 없다. 만약 비싸다고 생각했던 3만 원에 사서, 싸다고 생각하는 7만 원에 팔았다면, 아마 굉장히 높은 수익을 거둘 수 있었을 것이다.

최신 편향에서 가격은 단기적으로 더 자주 나타난다. 당장 어제보다 주가가 떨어졌다면, 싸다고 생각할 수 있고, 어제보다 주가가 올랐다면 비싸다고 생각할 수 있다. 당장 사지는 않더라도 그런 생각이 조금이라도 든다면, 이미 여러분은 최신 편향의 오류를 범하고 있다고 볼 수 있다.

이런 최신 편향의 오류를 극복하는 방법은 가격에 집중하지 않는 것이라고 말한다. 하지만 최신 편향의 오류가 인간의 본능에서 비롯되었다는 사실을 생각하면, 불가능에 가까운 일이다.

"어제 망설이다가 비싸서 사지 못했던 옷이, 오늘 30% 할인을 한다면, 안 살 수는 없지 않은가?"

사실 이것을 극복하는 방법은 원칙밖에 없다. 내가 사고파는 원칙이 있다면, 어떤 특별한 정보를 알게 되더라도, 최근 어떤 투자 방법이 좋았다고 하더라도, 아니면 현재 가격이 싸든 비싸든 나의 투자에 아무런 영향을 미치지 않을 것이기 때문이다. 투자 원칙을 만들지 않고 투자를 한다면, 나도 모르는 사이 이런 최신 편향의 오류를 자주 범하게 된다는 사실을 기억해야만 한다.

⑭ 투자에서 성취욕을 가지지 말자

성취욕이라는 것은 목적한 바를 이루고자 하는 인간의 본성이다. 인생에서 성취욕이라는 심리적 욕구는 성공의 발판이 된다. 사람마다 성취의 욕심에는 차이가 있겠지만, 사람이 살아가는 데에 있어서 필요한 심리적 욕구 중 하나이다. 사람들은 그런 성취욕을 가지기 위해 더 노력하고 발전한다.

하지만 이 성취욕을 투자에서 가지려고 하는 순간에는 문제가 발생한다. 성취욕은 과정보다는 결과에서 그 만족을 느끼기 때문이다. 투자에서 결과란 돈을 버는 것이다. 처음에는 투자에서 성취욕, 즉 결과를 가져오기 위해 많은 노력을 하는 과정을 거칠 것이다. 하지만 투자는 과정이 좋았다고 하더라도, 단기간에 결과가 안 따라 오는 경우가 훨씬 더 많다. 그럼 그 과정을 포기하고 결과에 몰입하기에 좋은 욕심이 바로 투자에서 성취욕이 되는 것이다. 노력을 했지만 좋은 결과를 얻지 못할 경우, 그것이 어떠한 일이라도 억울할 수밖에 없다. 그럴 경우 보통은 포기하거나, 아니면 더 많은 노력을 하는 두 가지 선택지가 존재한다. 하지만 투자는 그 외에도 높은 리스크를 통해 결과를 만들어 낼 수 있는 아주 쉬운 선택지가 디 있다. 삐르게 성취욕을 느낄 수 있는 다른 방법이 존재하는 것이다. 이런 심리적 욕구는 높은 리스크를 만들고, 결국 리스크는 큰 손실을 만든다.

여러분의 투자를 한번 돌아보자. 노력에 따라 결과가 나오지 않은 경우, 욕심을 낸 적이 있지 않은가? 그 욕심이 단순히 돈에 대한 갈망이었을 수도 있지만, 노력에 비해 따라오지 않는 결과 때문에 성취욕의 결핍이 발생했을 수 있다.

그렇다면 투자에서 성취욕을 가지지 않으려면 어떻게 해야 할까? 사람에 따라 사회생활에서 성취욕을 느낄 수 있는 직업이나 성향을 가진 사람도 있겠지만, 그렇지 않은 사람들이 훨씬 더 많을 것이다. 본인의 직업에서 성취욕을 찾는 것이 가장 좋은 방법이지만, 그렇지 않은 사람들은 다른 취미나 배움을 가져 보는 것을 추천한다. 나는 투자에서 성취욕을 가지지 않기 위해서 하는 것들이 꽤 많다. 사실 내가 유튜브 방송을 하는 이유도 그중 하나이다. 구독자에게 좋은 투자 습관을 알려 주며, 구독자가 늘고 조회 수가 늘어나는 과정에서 성취욕을 느끼는 것이다. 그것 외에도 나는 여러 곳에서 성취욕을 찾으려 노력한다. 때로는 운동을 하고, 책을 읽고, 영어 공부도 한다. 이런 취미 생활을 통해 성취욕을 가지게 되면, 투자에서 성취욕을 찾으려는 욕심이 줄어든다. 그래서 여러분도 지금 주위에서 성취욕을 가질 수 있는 무언가를 찾는 것이 중요하다. 다시 말하지만 투자에서는 성취욕을 가질 필요가 없다. 아니 절대 가져서는 안 된다. 대부분 직장에서 성취욕을 느끼지 못하지만, 일을 하고 있는 이유는 돈을 벌기 위해서이다. 투자도 마찬가지다. 투자가 어떤 재미나 욕심을 채우기 위한 목적이어서는 절대 안 된다. 오히려 투자는 건조한 마음으로 대해야만 한다. 투자를 시작하는 사람이라면, 성취욕을 느낄 만한 다른 것부터 먼저 찾은 후에 투자를 시작하기를 바란다. 그러면 투자에서 안정적인 심리를 유지하는 데 많은 도움을 받을 수 있다. 이런 작은 장치들을 절대 쉽게 넘어가지 말자. 그런 장치들이 모여 여러분의 투자 습관이 바로 서는 초석이 되고, 쉽게 무너지지 않는 투자 심리를 유지할 수 있다.

⑮ '하루에 1% 벌기', 가능할까?

투자시장을 경험하다 보면, 시기에 따라 유행처럼 번지는 매매 방법들이 있다. 대부분은 특정 시기에 그런 투자 방식이 잘 맞는 한정적인 방법들이라, 시간이 지나면 사람들의 기억 속에서 잊혀 간다. 그럼에도 불구하고 오랜 기간 실패하면서도 아직도 많은 사람이 도전하는 것이 바로 '하루에 1% 벌기'이다. 꼭 1%가 아니더라도 긴 시간 동안 정해 놓은 작은 수익을 쌓아 가는 방법이다. 어떤 사람들은 이런 투자 방식이 욕심 없이 수익을 낼 수 있는 방법이라고 말한다.

"절대 그렇지 않다. 너무나 욕심이 가득한 매매 방법이다."

하루에 1%씩 복리로 70일 동안 투자한다면, 그 수익은 투자금 대비 2배가 되고, 365일 동안 투자한다면, 투자금 대비 38배나 된다. 말도 안 되는 엄청난 수익이다. 복리라는 마법이 더해져, 하루에 1% 벌기는 사실 굉장히 수익률이 높은 투자 방식이다. 하지만 우리는 이런 투자 방식을 실행하기 전에 먼저 알아야 할 것이 있다.

이런 투자 방식은 매우 간단하다. 하루에 1%만 벌면 된다. 투자금이 백만 원이라면 1만 원만 벌면 된다. 일반 주식시장에서 1% 벌기는 사실 어렵지 않다. 더군다나 신용과 미수 등 레버리지를 이용하면 얘기는 더욱 쉽다. 주식시장에서 2배 레버리지만 사용한다고 쳐도, 100만 원으로 2배인 2백만 원을 투자하여, 0.5%만 움직이면, 1만 원, 즉 1%를 벌 수 있다. 가상 자산에서 가능한 100배 레버리지를 사용한다면, 0.01%의 움직임으로도 1%의 목표를 달성할 수 있다. 이렇게 순식간에 목표를 달성한 후, 여가 생활을 즐기는 그런 꿈을 꾸며, 이런 투자 방식을 시작한다. 그리고 이런 투자 방식이 욕심을 내지 않는 투자 방식이라 말한다. 하지만 여기에는 커다란 허점이 있다.

투자 실력은 뒤로하고, 단순히 확률로만 계산해 보자. 나의 투자금 100만 원을 걸고, 나의 자산이 200만 원이 될 확률과 0원이 될 확률은 50:50일 것이다. 나의 투자금 100만 원을 걸고, 나의 자산이 150만 원이 될 확률과 0원이 될 확률은 66:33일 것이다. 이렇게 계산해 나아간다면, 나의 투자금 100만 원을 걸고, 나의 자산이 101만 원이 될 확률과 0원이 될 확률은 99:1이 된다. 실제로 1만 원을 벌 확률은 99%지만, 0원이 될 확률이 1%가 된다.

그러므로 당연히 대부분은 1%를 벌 수 있다. 1%를 버는 50일이 반복되는 것은 전혀 이상한 일이 아니다. 1%를 버는 날이 200일 이상 연속될 수도 있다. 다만 확률적으로 100번에 한 번은 0원이 될 확률을 가지고 있는 것이다. 운이 나빠 10번째 0원이 될 수도 있고, 운이 좋다면 300번까지 0원이 되지 않을 수도 있다. 하지만 확률로 보면, 0원이 되는 경우가 언젠가 나오기 마련이다.

사람들은 이것을 실력으로 극복할 수 있다고 믿는다. 며칠씩 계속 1%를 벌고 있는 것이 실력이 있는 것으로 착각하기 때문이다. 누군가 300일째 1%를 벌고 있다고 하여, 나도 노력하면 가능하다고 생각할지 모른다. 하지만 그것은 실력이 아니라 단지 99% 승률 게임을 하고 있는 것이다. 남아 있는 1%의 확률이 발동되는 순간 여러분은 모든 돈을 잃게 된다. 어떻게 보면 결과는 이미 정해져 있는 게임이다. 물론 복리가 아닌 단리로 하여, 1%의 수익금을 매일 출금한다면, 결과가 0이 되진 않을 수 있다. 하지만 나의 자산을 모두 걸고 1%의 수익금을 목표로 하는 것 자체가 말도 안 될 정도로 리스크가 큰 투자 방식이다.

계속 투자를 하다 보면, 이런 복리의 마법과 같은 쉬워 보이는 투자 방식에 눈을 돌리는 시기가 온다. 그런 매매 방법으로 시작하여 수일간 수익을 얻었다고 해도, 그것은 실력이 아니다. 단지 최악의 손익비를 가지는 99%의 승률을 따르고 있을 뿐이다.

⑯ 합리적인 사람일수록 투자에 실패한다

투자시장에서는 오히려 똑똑한 사람일수록 돈을 많이 잃는다고 한다. 그 이유가 무엇일까? 우리는 하루를 보내는 동안에도 많은 선택을 한다. 날씨에 맞춰 입을 옷을 결정하고, 출근 시간을 맞추기 위해 버스나 지하철 또는 자가라는 교통수단 중 하나도 선택해야 한다. 점심시간에는 메뉴를 선택해야 하고, 근무 시간 중 맡은 업무를 위해 많은 선택을 해야만 할 것이다. 그리고 퇴근 후에도 집에 갈지, 친구들을 만날지 선택을 하고, 다음 날 출근을 고려하여 잠자리에 들 시간을 정할 것이다. 이렇듯 우리는 하루에도 수많은 선택을 하고, 대부분 그 선택은 합리적이다. 물론 일부 합리적이지 않을 때도 있겠지만, 합리적인 선택을 지향해야만 정상적인 사회생활을 할 수 있다.

투자도 마찬가지이다. 시장에 참여한 대부분의 개인 투자자는 합리적인 선택을 한다. 하지만 투자시장에 참여한 개인 투자자들은 대부분 돈을 잃는다.

"그들은 합리적이지 않은 사람일까?"

절대 그렇지 않다. 돈을 잃은 개인 투자자들도 대부분 합리적인 선택을 한 사람이다. 그럼 다른 사람보다 더 합리적인 선택을 하기 위해 애를 쓴다면 돈을 벌 수 있을까? 만약 그렇다면 주식으로 돈을 번 대부분의 사람이 검사, 변호사, 판사 등이어야 할 것이다. 사회생활은 합리적인 사람일수록 안정적인 삶을 이어 나갈 가능성이 큰 것과는 반대로, 투자시장은 합리적인 사람일수록 잃을 확률이 더 높다. 사실 투자로 돈을 번 사람들은 합리적인 사람들보다 괴짜들이 더 많다.

이 합리성이 문제가 되는 이유는 개인의 합리적인 판단은 대부분 같은 방향을 바라보기 때문이다. 앞서 예시처럼 날이 덥다면 반팔 셔츠를 입는 것이 당연하다. 특정 종목의 가격이 매력적이라면, 다른 사람들도 매력적이라고 느낄 것이고, 대부분 그 종목을 매수하게 될 것이다. 하지만 많은 개인 투자자가 특정 종목을 매수한다면 실제로 주가가 올라가기는 어렵다. 주가는 다수의 개인이 수익을 올릴 수 있는 방향으로 흘러가지 않기 때문이다.

그렇다면, 투자시장에서 합리적인 선택을 하지 않고, 남들과는 다른 비합리적인 선택을 한다면 돈을 벌 수 있을까? 나는 가능하다고 생각한다. 하지만 문제는 비합리적인 선택을 하는 것이 사람의 본성에 반한다는 것이다. 날이 더운데 점퍼를 입고 외출하기를 선택하는 것은 제정신으로 할 수 있는 일이 아니다.

"그럼 어떻게 하면 투자시장에서 비합리적인 선택을 할 수 있을까?"

결국 원론적으로 돌아와서 자신만의 원칙만 있으면 비합리적인 선택이 가능하다. 예를 들어, 일봉 기준으로 양봉이 3개가 나오면 무조건 산다는 나만의 원칙을 정했다고 가정해 보자. 만약 그 양봉이 10%, 5%, 3% 이렇게 3개가 나왔다면, 일반적인 투자자들은 상승의 힘이 점점 빠지고 있다고 생각할 수 있다. 하지만 나만의 원칙은 양봉 3개가 나오면 사는 것이 원칙이기 때문에 그 종목을 매수한다. 이처럼 나만의 원칙은 다른 사람의 선택과는 다른 선택을 할 수 있다. 꼭 나만의 원칙이 아니어도 괜찮다. 사실 시장에 알려진 수익이 나는 원칙은 많이 있다. 하지만 그런 원칙을 알더라도, 그 원칙에 따라 철저하게 매수와 매도를 하는 개인 투자자들은 거의 없다. 알려진 원칙이어도 철저하게 따라야만, 남들과는 다른 선택을 할 수 있는 것이다. 군이 시장에서 합리적으로 판단하려고 애쓰지 마라. 오히려 투자시장은 합리적인 사람일수록 돈을 잃을 확률이 더 높다.

17 기회는 반드시 온다

　교육을 하면서 항상 투자자들에게 자주 강조하는 것 중 하나가 "기회는 반드시 온다."라는 말이다. 이런 말을 그냥 뜬구름 잡는 말이라고 생각하는 투자자들도 많다. 하지만 이 말의 진정한 의미를 깨닫는다면, 여러분은 매수할 때마다 이 말을 떠올리게 될 것이다.

　대부분 투자자는 기회가 언젠가는 온다는 사실을 알고 있다. 그런데도 항상 이번이 마지막 기회라고 생각하는 것처럼 투자를 한다. 이게 참 안타까운 노릇이다. 투자를 하다 보면, 내가 매수하지 못한 종목이 10배씩 오르는 경우도 있고, 현금화를 한 상황에서 지수가 몇십 %씩 폭등하는 경우도 있다. 매수하지 못한 종목이 한때 관심 종목이라면 더더욱 안타까울 것이다. 일반적으로 처음에 오를 때는 평정심을 가지고 지켜본다. 하지만 가격이 오르면서, 먼저 매수했던 사람들의 수익을 지켜보며, 상대적 박탈감에 휩싸이고, 그럴수록 조급해지고, 지금이 매수할 마지막 기회이지 않을까 하는 착각에 사로잡힌다. 지금 매수하지 않으면 매수한 사람과 나와의 격차는 더 벌어질 것이고, 투자를 하지 않고 현금을 보유하고 있는 것만으로 상대적 손실을 느낄 수밖에 없다. 그렇게 참지 못하고 매수하는 투자자들의 심리적 한계치가 대부분 고점 영역에 해당된다. 개인 투자자마다 격차가 있겠지만, 그 심리적 한계치는 대체로 비슷하다. 고점에서 매수한 이후에 주위를 둘러보면, 대부분 비슷한 시기에 매수한 사람이 많이 보이는 이유도 거기 있다. 기회는 반드시 온다는 생각으로 심리적 불안감으로부터 벗어나는 방법은 여러 가지가 있다.

　첫 번째, 여러 시장에 분산 투자하는 방법이다. 국내 주식시장과 해외 주식시장, 가상 자산 시장이나 원자재, 국채 등 여러 자산 시장에 함께 투자하고 있다면, 특정 구간에서 매수를 못 했다고 할지라도, 아직 다른 시장에서 투자할 기회가 얼마든지 있다.

두 번째, 이미 상승 추세가 많이 진행되어, 기회를 놓쳤다고 생각되는 종목 및 시장은 보지 않는 것이다. 여러분이 바이오 관련 종목을 눈여겨보고 관심 종목에 넣어 두고 있었는데, 매수하지 못한 채 며칠 동안 주가가 많이 올랐다면, 그 종목을 관심 종목에서 제외하면 된다. 이후 그 종목의 진행 상황을 모르므로, 상대적 박탈감을 느낄 이유도 없다. 다른 섹터에서 기회를 찾으면 된다.

세 번째, SNS와 커뮤니티(카페, 단톡방 등)를 보지 않으면 된다. 커뮤니티에 속해 있다면, 내가 듣기 싫더라도 자연스럽게 특정 종목의 이야기가 들려올 것이다. 그러다 보면 어쩔 수 없이 가격을 확인하게 되고, 조급해지고, 본능에 이끌려 매수를 하게 될 것이다.

이런 여러 방법과 함께 기회는 반드시 온다는 생각을 하면 평정심을 유지할 수 있다.

투자에서 이런 신념을 가지게 된다면, 어떤 장애물도 이겨 낼 수 있다. 비트코인 가격이 2800만 원까지 갔지만 300만 원대로 떨어졌고, 다시 1600만 원까지 갔지만 다시 500만 원대로 떨어졌다. 하지만 그 이후로 비트코인은 8천만 원을 넘겼다. 이렇듯 대부분의 자산 시장은 상승만 하지 않는다. 상승이 있다면 반드시 하락도 있다. 최근 2차 전지 관련 종목들이 폭등한 적이 있었다. 그러자 2차 전지 관련주에 많은 개인 투자자가 몰려들었다. 우리나라 2차 전지 기술력은 세계에서 가장 뛰어나며, 연평균 예측 성장률이 30%를 넘어설 것이라는 뉴스들이 보도된다. 물론 틀린 말은 아니다. 하지만 반도체, 신재생 에너지, 헬스 케어, AI 산업에서도 세계 최고의 기술력을 가진 국내 기업들이 존재하며, 그 산업의 연평균 예측 성장률이 2차 전지를 뛰어넘는다. 2차 전지 종목이 이미 주가가 많이 오른 상태라면, 다른 성장 가능성을 가진 산업을 살펴보면 된다. 그런 산업에서 분명히 더 좋은 매수 기회가 찾아올 것이기 때문이다. 부동산, 주식, 가상 자산 등 모든 시장을 포함해서 결과론적으로 마지막 기회였던 적은 단 한 번도 없다. 당연히 여러분이 지금 주목하는 그 종목도 지금이 마지막 기회일 리 없다.

⑱ 조급함이 있다면 망한다

투자에서 누구나 한 번쯤 조급함을 느껴 본 적이 있을 것이다. 지금 손실 중이라면 당연히 조급할 것이고, 지금 보유 종목이 수익 중이어도 손실로 돌아갈까 봐 두려워 조급하고, 큰 이익이 발생했음에도 그 이익이 사라질까 조급하다. 결국 사람들은 투자를 하게 되면 대부분 조급하다. 그래서 대부분의 개인 투자자들이 잃는 것이다. 원칙이 없거나, 한 종목에 너무 많은 금액을 투자했거나, 자금을 효과적으로 분배하지 못했을 수 있다. 이런 투자 내적인 문제 외에도 잃어서는 안 되는 돈을 투자했거나, 돈을 꼭 벌어야 하는 책임이 있는 사람이라면 조급함을 느낄 수 있다.

"조급함이 없다면, 어떻게 다를까?"

종목을 매수할 때는 적절한 시기를 천천히 기다렸다가 원하는 위치에 도달했을 때 살 수 있을 것이고, 이후에는 목표 가격 또는 손절 가격에 도달할 때까지 느긋하게 기다릴 수 있을 것이다. 만약에 투자하는 과정이 이와 같지 않다면, 여러분은 잃을 가능성이 아주 크다. 투자를 하면서 조급함을 조금이라도 느낀다면 투자에 문제가 있다는 것이다.

자신이 조급함을 느끼고 있는지를 판단하는 것이 중요하다. 가장 간단하게 판단하는 방법은 자려고 침대에 누웠을 때, 투자에 대한 생각으로 잠에 쉽게 들지 못하는 날이 있다면, 그것은 투자에 대한 조급함이 있는 것이라고 볼 수 있다. 조금이라도 조급함이 느껴진다면, 투자를 멈춰야 할 시기임을 기억해야 한다. 물론 앞으로 영원히 투자를 하지 말라는 얘기가 아니다. 이 조급함이 왜 생겼는지 원인을 파악하고, 그 원인을 해소한 후에 다시 투자를 해야 한다는 뜻이다. 일반적으로 투자자들이 느끼는 조급함을 충분히 해소할 수 있는 방법들이 있다.

나도 15년을 투자해 오면서 조급함을 느낀 적이 있었다. 손실 금액을 예상했음에도 불구하고, 손실 확정 이후 조급함을 느끼거나, 아니면 내가 구독자들에게 얘기한 차트 분석과 전혀 다른 방향으로 차트가 흘러갈 때 조급함을 느끼곤 했다. 또 트레이딩 대회에 참가할 때 좋은 성적을 내야 한다는 강박 때문에 조급할 때도 있었다. 그럴 때마다 투자를 멈추고 투자 관련 서적을 읽고, 매일 사우나에 앉아 명상을 했다. 좋은 책에서 내가 조급함을 느낀 이유를 찾은 경우도 있었고, 명상을 통해 스스로 그 원인을 찾아낸 적도 있었다. 또 투자를 하지 않는 시간이 늘어남에 따라 조급함이 잦아든 경우도 있었다. 그렇게 조급함이 사라졌다고 판단되었을 때 다시 투자를 시작했다.

조급함이 과도하게 되면, 서두르게 되고, 서두르게 되면 행동이 성급해지고, 성급한 행동은 항상 나쁜 결과를 낳는다. 지금 투자를 하고 있는 사람이라면 생각해 보라. 조급함이 내 마음속에 조금이라도 있는가? 그렇다면 지금은 투자를 할 때가 아니라 그 원인을 찾아야 할 시기이다.

⑲ 목표 자산을 정하지 마라

불가능한 것에 도전하는 노력이 좋은 성과를 가져오는 경우가 있다. 아르바이트를 통해 1천만 원을 모은 한 20대 청년이 있다고 가정하자. 이 청년은 근로소득 또는 사업소득으로만 40살이 되기 전, 10억을 가진 자산가가 되겠다는 결심을 세웠다. 그럼 그 목표를 달성하기 위해, 1천만 원을 소비하여 사업을 시작하거나 좋은 직장을 얻어야 할 것이며 이와 함께 계획적인 소비와 저축을 해야 할 것이다. 이렇게 노력해 나간다면, 40살에 10억을 가진 자산가가 되지는 못하더라도, 그 과정을 통해 꽤 많은 자산을 가지게 될 것이다. 하지만 1천만 원을 가진 청년이 투자를 통해 40살이 되기 전, 10억 원을 가진 자산가가 되겠다는 결심을 했다면 어떻게 될까? 이 결과는 이분법으로 나뉜다. 목표 자산을 달성할 때까지 계속 투자를 할 것이므로, 10억 원 또는 0원이라는 둘 중 하나의 결과를 맞이할 것이다. 당연히 확률적으로 1천만 원이 10억 원이 될 가능성보다 0원이 될 가능성이 훨씬 크다. 똑같은 목표를 세웠지만 결과는 전혀 다르다.

"목표를 크게 가져라."

이 말은 투자에 절대 해당되지 않는 말이다. 우리는 삶에서든 투자에서든 성공보다는 성장이라는 과정에 집중해야만 한다. 노동을 통해 목표 자산을 이루기 위해서는 성장이 필수적으로 필요하다. 당장 연봉 1억을 버는 사람이 될 수는 없다. 노동을 한 시간만큼 경력이 쌓이고, 기술이 향상되고, 임금 또한 높아진다. 그래서 자연스럽게 성장이라는 과정이 따라붙는다. 투자에서도 목표 자산이 아니라 성장을 목표로 해야 한다. 그래야만 투자 기술이 향상되고, 리스크를 줄이면서, 자금 관리도 효과적으로 하여, 앞으로 더 기대되는 투자자가 될 수 있다. 그렇다면 성공은 따라올 것이다.

'10억을 벌면 졸업할 겁니다.'

개인 투자자들의 이런 생각은 굉장한 모순을 가지고 있다. 성장이라는 과정을 거치며, 투자를 하는 사람은 목표 자산 금액을 한정 지을 필요가 없다. 계속해서 투자 능력이 향상된다면, 10억이 아니라 100억도 가능한 것이 투자이기 때문이다. 나 역시 단 한 번도 얼마를 벌고 투자를 그만두어야겠다는 생각은 해 본 적이 없다. 좋은 과정을 거쳐 점점 수익을 낼 수 있는 능력이 발전한다면, 투자시장은 불로소득의 원천이 되기 때문이다. 결국 졸업이라는 단어를 쓰는 이유는, 성장이 아닌 성공에 집착하기 때문이다. 투자시장에서 10억을 벌 수 있는 사람이 투자를 그만둔다는 것 자체가 굉장한 모순이다. 지금이라도 여러분이 세운 목표 자산 금액이 있다면, 머릿속에서 지우길 바란다. 목표 자산이 아닌, 성장이라는 개념으로 투자시장에 접근한다면, 지금 여러분이 생각했던 그 목표 자산보다 더 많은 부를 누리게 될 수 있다.

① 정보를 믿지 마라

개인 투자자들이 가장 많이 참고하는 것 중 하나가 바로 정보이다. 이 정보는 투자에 대한 의사 결정을 내릴 때 가장 쉽고 빠르게 접근이 가능하다. 그렇기 때문에 기술적 분석에 대한 지식이 부족한 초보 투자자들은 이런 정보가 가장 매력적일 수밖에 없다.

하지만 정보를 전달하는 미디어는 진실을 추구하지 않는다. 조회 수가 많이 나오는 뉴스를 쓰는 것이 목적이 되고, 금전적 대기를 받고 홍보용 기사를 써 주는 대행사들도 많이 존재한다. 또한 요즘 20~30대 젊은 층들은 대부분의 정보를 유튜브에서 접하지만, 그 유튜브 영상의 최종 목적 또한 조회 수와 광고가 된다. 결국 이렇게 상업적으로 활용되는 정보들은 판매 상품으로 변질되고 있으며, 진실을 기대하기는 어려운 것이 현실이다.

"그렇다면 정보를 선별해서 수용하면 되지 않을까?"

안타깝게도 애초에 정보의 진위 여부를 파악할 능력은 개인 투자자에게 있을 리가 없다. 또한 정보를 선별해서 수용하더라도, 좋은 투자를 한다는 보장은 없다.

예를 들어, 아직 이익을 내지 못하는 기술 개발 중인 기업들의 주식을 보유하고 있다고 가정하자. 이런 기업은 은행의 대출로 자금을 조달하여 기술력을 더 성장시켜야만 한다. 그런데 갑자기 금리가 인상된다면 어떻게 될까? 이런 기업들은 높은 이자 부담과 어려워진 대출로 인해, 경영과 성장에 심각한 타격을 입게 될 것이다. 그럼 금리 인상이 결정되는 즉시 보유하고 있는 기술 개발 관련 기업을 전부 매도해야 할 것이다. 하지만 실제로 정보를 알게 된 그 시점에는 아무도 팔지 않는다. 그 이유는 금리 인상이라는 명확한 정보에도, 시장에 영향을 주지 않는 경우가 있기 때문이다. 그럼 언제 결정하게 될까? 결국 시장의 반응을 보고 결정한다. 이런 시장의 반응은 주가, 즉 차트가 된다. 금리가 올라도, 주가가 떨어지지 않으면 팔지 않을 것이고, 주가가 급락한다면 팔지도 모른다. 결국 이런 의사 결정은 정보 없이, 차트만 보고 실행하는 것과 큰 차이가 없다.

이것 외에도 정보가 주는 문제점은 더 많다. 실제로 시장에 영향을 주는 중요한 정보들 중 개인 투자자들에게 전달되는 것은 10%도 안 된다. 만약 전달된다 하더라도, 이미 정보력이 빠른 수많은 기관과 외인이 그 정보를 이용하여 투자한 이후일 것이다. 결국 개인 투자자들은 이미 가치가 떨어져 버린 정보를 가지고 마지막에 투자를 하게 되는 것이다.

어떤 투자자들은 같은 정보라고 하더라도 해석을 어떻게 하느냐에 따라 합리적 판단을 할 수 있다고 생각한다. 예를 들어, 일론 머스크가 "비트코인으로 테슬라 자동차를 살 수 있다."라고 말한다면, 모두 비트코인의 가격이 올라가리라 생각할 것이다. 여기서 다른 해석을 하기란 매우 어렵다. 이처럼 대부분의 개인 투자자는 같은 정보를 보고 같은 해석을 할 수밖에 없다. 하

지만 주가는 항상 개인 투자자들이 손실을 보는 곳을 향한다. 그래서 대부분
의 개인 투자자가 함께 잃는 것이다. 이처럼 정보는 득보다 실이 더 많다. 그
럼에도 개인 투자자들이 정보에서 투자의 힌트를 얻으려는 것은, 어쩌면 정
보가 다른 투자 방법보다 별다른 노력 없이 얻을 수 있기 때문이 아닐까? 투
자에서 돈을 벌 수 있는 쉬운 길은 절대 없다. 쉬운 길이 있다면 그것은 돈을
잃는 길일 것이다.

② 분석은 판매 상품이다

투자를 하는 개인 투자자들에게 가장 영향을 많이 미치는 것은 무엇일까? 바로 정보와 분석이다. 그중 이번에는 전문가의 분석을 살펴보자. 인터넷이 발달하기 전에는 대부분의 사람이 신문과 방송에서 나오는 공식 미디어를 통해, 전문가들의 분석을 접할 수 있었다. 사실 이 당시에도 증권사의 애널리스트들은 그들의 이해관계에 따라 시장을 분석하는 경우가 많았다. 이것을 증명하는 예로 국내 증권사 애널리스트들의 매수 의견이 매년 80% 이상을 차지한다. 시장이 좋았던 해나, 좋지 않았던 해 모두 매도 의견보단 매수 의견이 항상 압도적으로 많다. 당시 애널리스트들은 대부분 증권사 소속이었다. 매수를 권장하는 것이 더 많은 개인 투자자를 시장에 참여하도록 만들고, 거래를 활성화시키고, 당연히 이런 과정을 통해 증권사는 더 많은 돈을 벌 수 있다. 하지만 모든 애널리스트가 오롯이 증권사만을 위해 분석했다고 생각진 않는다. 그들은 증권사에서 쌓은 경험을 통한 전문성도 있었고, 각종 정보에 대한 채널도 방대했다. 그리고 자신의 이름을 걸고, 최소한의 책임과 양심은 있었을 것이다.

하지만 수많은 인터넷 매체와 개인 방송이 넘쳐 나는 지금은 어떨까? 이런 미디어 덕분에 우리는 더 많은 분석을 다양하게 확인할 수 있게 되었다. 증권사에 소속된 애널리스트들의 비중은 줄었고, 인기만 있다면 누구나 전문가가 될 수 있다. 그들의 수익은 광고와 조회 수에 따라 모든 것이 결정된다. 그래서 분석하는 내용의 본질보다 개인 투자자들의 관심을 끌어, 조회수를 올리는 것에 집중하게 되었고, 이것은 더 큰 문제를 만들었다.

이전 전문적인 애널리스트들에겐 전문성과 최소한의 양심을 기대해 볼 수 있었지만, 이런 인터넷 매체와 개인 방송들에서는 그것조차 기대하기 어렵다. 그들에게 분석은 수익과 직결되는 판매 상품이기 때문이다. 우리는 시간이라는 가치를 들여 그것을 소비하고, 그들은 수익을 창출한다.

그럼 이런 분석 상품을 잘 팔려면 어떻게 해야 할까? 투자자들의 시간을 소비시키려면 어떤 방법이 가장 좋을까? 이런 분석 상품을 가장 잘 팔 수 있는 방법은 개인 투자자들에게 희망을 주는 것이다. 희망을 품는 것에 대한 시간은 나조차도 아깝지 않다. 누구나 부자가 되는 상상을 하는 시간은 아깝지 않다. 돈을 많이 벌 수 있다는, 아니면 손실을 복구할 수 있다는 희망을 줄수록 분석이라는 상품들을 많이 팔 수 있다. 2020년 말, 삼성전자의 주가가 95,000원을 넘었을 때였다. 나는 유튜브 인기 동영상을 보고 경악을 금치 못했다. 투자 관련 동영상들이 당시 인기 동영상의 반을 차지했으며, 제목은 더욱 가관이었다. '10만 전자'라는 키워드로 시작하는 영상이 대부분이었다. 대부분의 내용은 삼성전자의 주가가 10만 원을 넘어, 지속적으로 상승할 것이라는 긍정적인 콘텐츠였다. 결국 삼성전자의 주가는 10만 원을 넘지 못했다. 그렇게 분석했던 방송인이나 애널리스트들의 이름을 투자자들은 지금 기억할까? 그들은 당시에 희망이라는 주제로 많은 상품을 팔았을 뿐이다. 그들의 상품을 시간으로 소비한 투자자들은 오히려 많은 돈을 잃었을 것이다.

이제 시간이라는 가치를 들여 투자 원칙을 만드는 데 소비해라. 그게 훨씬 더 나은 소비가 될 것이다. 분석의 목적은 여러분이 돈을 벌 수 있도록 하는 것이 아니라, 시간의 소비를 유도하도록 만들어진다. 대부분 투자자가 돈을 잃는 이유는 전문가의 분석을 잘 이용하지 못해서가 아니다. 애초에 그 분석의 목적이 여러분이 돈을 벌게 하는 것이 아니었기 때문이다.

③ 개인 투자자가 경제를 예측할 수 있을까?

앞서 이야기했듯이 개인 투자자들은 수많은 미디어에 노출되어 있다. 개인 방송을 제외하더라도, 수많은 방송사 및 언론사를 통해 손쉽게 전문가들의 거시 경제에 대한 해석을 볼 수 있다. 이 글을 쓰는 2023년은 세계 경제 상황이 격동하는 시기임은 확실하다. 처음 겪어 보는 코로나19 팬데믹과 러시아와 우크라이나의 전쟁은 많은 변화를 만들었다. 코로나19로 인한 경기 침체를 살리기 위해 미국을 비롯한 많은 나라가 국고를 풀었다. 이런 요인으로 물가가 엄청나게 상승했고, 이런 높은 물가 상승률을 낮추기 위해 역대 최고의 폭으로 금리가 인상되었다. 금리 인상은 주식과 가상 자산에 적지 않은 피해를 주었고, 현재 국내 주가는 고점 대비 20% 이상 하락한 상태이며, 비트코인은 고점 대비 50% 이상 하락한 가격에 머물러 있다. 또한 모든 자산 가격이 폭등하던 2020년과 2021년에 가장 많은 개인 투자자가 투자시장에 뛰어들었기 때문에, 아직도 대부분의 투자자는 시장에서 많은 손실을 보고 있는 것이 현실이다.

그렇게 시작한 대부분의 초보 투자자는 아무 준비도 없이 무지에서 시작한 자신을 탓하고 있을 것이다. 실제로 이렇게 주가가 큰 폭으로 요동친 근본적인 이유 중 하나는 미국을 비롯한 많은 국가가 코로나19와 전쟁으로 인한 대비책으로 양적 완화 정책을 펼쳐 왔기 때문이다. 당연히 그 당시 대부분의 투자자는 양적 완화 정책이 가져온 주가의 상승이 불러올 결과를 예상하지 못했을 것이다. 그래서 이제는 그런 실수를 또다시 저지르지 않기 위해서, 예전에는 관심도 없었던 세계의 경제 상황을 이해하고 해석하기 위해 많은 미디어를 보고 공부하고 있을 것이다. 하지만 정말 개인 투자자가 노력한다고 해서 거시 경제를 예측할 수 있을까? 그런 미디어 대부분은 이렇게 말하고 있는 것 같다.

"우리가 하는 이야기를 열심히 들어 봐. 그러면 너희도 시장의 미래를 예측할 수 있어!"

실제로 그럴까? 미디어와 뉴스를 보고 열심히 노력하고 공부하면 우리는 시장의 미래를 정말로 예측할 수 있을까? 결론부터 말하면, 그럴 가능성은 매우 낮다. 아마 여러분이 이런 희망을 품게 된 계기는 시장이 급변할 때 시장의 미래를 예측해서 많은 수익을 본 사례를 실제로 봤기 때문일지도 모른다. 정말 그 사람들이 시장의 미래를 예측한 것은 능력이었을까? 수많은 사람이 주사위를 던졌을 때, 6개의 숫자 중 어떤 숫자가 나올지 예측을 하게 되면, 맞출 가능성은 낮지만 맞추는 사람은 분명히 존재한다. 그 예측을 맞춘 사람들이 이후에 지속적으로 다음에 나올 주사위의 숫자를 맞출 수 있을까?

수많은 경제학자가 경제를 예측하곤 한다. 그들의 적중률은 30% 미만이다. 그들은 우리보다 엄청나게 너 많은 경제에 대한 지식과 정보를 가지고 있다. 하지만 그들도 시장의 미래를 맞힐 가능성은 낮다. 유명한 경제 전문가들이 참여한 펀드가 손실을 본 경우는 수도 없이 많다. 일생을 바쳐 경제를 연구한 사람들의 견해가 시장의 예측을 벗어날 확률이 더 높음에도 불구하고, 컴퓨터나 스마트폰으로 보는 미디어들로 시장 경제를 예측하려는 것 자체가 너무나 큰 모순이다.

문제는 미디어에서 보여 주는 많은 견해가, 우리가 그 거시 경제를 예측하는 것에만 집중하게 만든다. 하지만 우리는 대부분의 해답을 찾을 수 없을 것이며, 우리가 내린 결론으로 수익을 얻었다 하더라도 그것은 단순하게 운이 좋았을 확률이 더 높다. 여러분이 지금 많은 손실을 기록 중이라면, 그 이유는 시장에 대한 예측을 하지 못해서가 아니다. 그것은 무리하게 많은 금액으로 매수했기 때문이고, 호재에 따라 종목을 기준 없이 선택했기 때문이고, 목표 가격을 정하지 않았기 때문이며, 하락이 시작되었음에도 손절을 하지 않았기 때문이다. 지금과 같이 많은 미디어를 접하는 독자들이 투자로 돈을 벌기 위해서는 미래 경제 예측이 아니라, 투자의 올바른 습관이 먼저임을 잊지 않기를 바란다.

④ 휴리스틱의 오류

사람들은 일상생활에서 부딪히는 모든 상황에서 이것저것을 따져 가며, 체계적인 판단을 하지 않는다. 때에 따라 신속하게 어림짐작을 하여 의사 결정을 하곤 하는데, 이것을 휴리스틱이라고 한다. 인간은 이런 휴리스틱의 사고 체계가 삶에 아주 큰 도움이 된다.

예를 들어, 애인과 함께 오늘 점심을 어디서 먹을지 정한다고 생각해 보자. 어떤 체계적인 정보들로 메뉴를 고를 수 있을까? 먼저 양식, 중식 일식 등 큰 범주 중 선호하는 종류를 선택해야 한다. 큰 범주를 선택하고 나면, 그 안에서 밥을 먹을지, 면을 먹을지, 아니면 고기를 먹을지 해물이나 생선을 먹을지도 선택해야만 한다. 또 최근에 먹은 음식은 피해야 하고, 나의 주머니 사정에 따라 메뉴의 선택이 달라질 수도 있다. 또한 상대방의 의사도 함께 물어봐야 할 것이다. 그렇게 먹고 싶은 메뉴를 정했다면, 이제 식당을 찾아야 한다. 그렇게 정한 메뉴의 맛있는 식당이 꽤 멀리 위치해 있고, 지금은 차가 밀릴 시간이다. 그래서 그 식당보다 맛있지는 않지만 조금 비싼 다른 식당을 선택할 수도 있다. 실제로 우리는 이런 복잡한 과정들을 하나하나 체크하며, 가장 이상적인 식당을 선택하지 않는다. 어림짐작으로 먹고 싶은 음식을 몇 개를 골라내어, 몇 가지의 이유로 몇 개를 제외시키고, 내가 지금 당장 먹고 싶은 음식이라면, 단점이 있더라도 감수하고 식당을 확정한다. 이런 것을 생각하면 우리가 컴퓨터나 인공지능보다 뛰어난 능력을 갖고 있다고 할 수 있다. 하지만 이런 능력이 투자에서도 뛰어난 모습을 보일까? 투자에서 이런 휴리스틱은 가장 큰 단점이다.

개인 투자자들은 투자에서 정말 많은 정보와 분석을 이용한다. 내가 관심 있는 종목이 있다면, 거기에 뒤따르는 정보는 수도 없이 많으며, 재무제표, 캔들, 차트 패턴, 수많은 보조 지표 등 수많은 기술적 부분을 확인할 수 있다. 하지만 투자자가 이런 모든 정보와 분석을 통합하여 따져 가며, 체계적인 의사 결정을 할까? 절대 그렇지 않다. 우리는 이렇게 많은 것을 참고할 때, 앞서 얘기한 휴리스틱을 이용한다. 내가 관심을 가지는 종목이므로, 하락 가능성이 있는 요소들은 삭제 또는 왜곡할 수 있으며, 상승 가능성이 있는 요소들로만 구성하여, 어림짐작할 수도 있다. 내가 관심을 가지는 종목이므로 당연히 좋은 점들이 우선적으로 보일 수밖에 없다. 내가 먹고 싶은 음식이 그렇듯 말이다. 휴리스틱 이론에 따르면, 사람들이 의사 결정을 할 때, 판단하는 구성 요소는 7개를 넘지 않는다고 말한다. 그 이상의 구성 요소들은 삭제 또는 왜곡하여, 빠른 의사 결정을 도출해 내는 것이다. 이것은 무얼 의미할까?

투자를 할 때 의사 결정에 필요한 많은 구성 요소를 찾기 위해 노력할 필요가 없다는 것이다. 어차피 많은 것을 알게 되더라도 우리는 그중 대부분을 임의로 버리게 될 것이다. 이 말은 투자를 할 때는 단순한 몇 가지의 구성 요소만 가지고 원칙을 정하는 것이 더욱 효과적이라는 것이다. 그렇게 간단하게 원칙을 정하게 된다면, 굳이 우리가 합리적인 의사 결정을 핑계로 많은 정보와 분석을 찾아볼 필요도 없으며, 수많은 보조 지표를 확인할 이유도 없다. 투자에서 많은 정보와 분석 요소를 찾아보려는 노력은 오히려 체계적이고 합리적인 의사 결정을 방해하게 될 것이다.

⑤ 확증 편향적 사고

　요즘 대한민국은 갈등의 시대이다. 남녀 간의 갈등, 정치 여야 간의 갈등, 지역 간의 갈등, 종교 간의 갈등, 빈부 간의 격차 등 수많은 갈등이 존재한다. 물론 사회에서 갈등이 발생하고, 그 갈등을 해결하는 과정에서 좋은 결과가 도출될 수도 있다. 문제는 대한민국 사회는 갈등을 해결하려는 노력보다는 오히려 자신과 반대되는 의견을 무시하는 경향이 점점 커지고 있다는 데에 있다. 너무 많은 콘텐츠가 넘쳐 나는 미디어 사회에서 정보의 변별력은 사라져 버렸고, 변별력을 가질 수 없다 보니, 자신의 생각과 일치하는 정보만 받아들이는 이른바 확증 편향적 사고가 더욱 심화되었다.

　확증 편향적 사고는 투자에서 가장 위험하다. 앞으로 시장이 상승할 가능성이 크다는 전제하에 여러 미디어와 커뮤니티를 접하면, 나의 의견에 부합하는 정보를 매우 쉽게 찾을 수 있다. 나의 의견과 일치하지 않는다면, 보지 않으면 된다. 그럴수록 시장을 객관적으로 판단할 수 있는 능력은 잃게 된다. 이런 선택적 수용을 하는 확증 편향적 사고와 어림짐작을 하는 휴리스틱이 결합되면, 매우 비합리적인 의사 결정을 하게 되는 것이다.

　하지만 이것보다 더 큰 문제는 확증 편향적 사고가 종목을 보유하였을 때 미치는 영향이다. 종목이나 포지션을 보유하게 되면, 바라는 방향은 이미 정해져 있고, 돈을 잃는 상상은 누구나 하기 싫어한다. 그러므로 내가 돈을 벌 수 있는 방향의 정보나 기술적 분석에 더 집중하게 될 수밖에 없다.

　사실 이렇게 인간의 본성에 내재된 본능적 사고 및 오류는 극복하기 위해 아무리 노력해도 극복되지 않는 경우가 대부분이다. 그렇기 때문에 투자에선 다른 접근이 필요하다. 확증 편향적 사고를 피하는 간단한 방법을 알아보자.

종목이나 포지션을 보유하고 있지 않은 경우라면, 현재 주가에 대한 하나의 방향성을 가지고 있는지 스스로에게 묻는다.

'주식시장은 상승할 가능성이 커!'

라고 차트를 보기 전부터 생각한다면, 그날은 차트를 보지 않아야 한다. 내가 가진 생각을 뒷받침할 조건은 차트에서 얼마든지 찾아낼 수 있기 때문이다. 그런 날 차트를 보게 되면 확증 편향적 사고에 따라, 비합리적으로 주식을 매수할 가능성이 더 커진다. 시간이 지난 후 상승과 하락의 가능성을 모두 열어 두고 있다고 스스로 판단된다면, 그때 차트를 보고, 투자를 진행하면 된다.

만약 종목이나 포지션을 보유하고 있는 상태라면, 보유하고 있는 종목과 포지션과 관련된 차트를 보지 않는 것이다. 물론 경제 관련 뉴스나 미디어 등도 아예 접하지 않아야 한다. 앞서 얘기한 바와 같이 종목이나 포지션을 보유하고 있다면, 목표 가격과 손절 가격은 존재할 것이고, 그 가격에 매도 주문만 입력해 놓으면 된다. 확증 편향적 사고를 할 수 없게끔 사전 차단을 하는 것이다. 여러분도 이런 방법을 활용한다면, 확증 편향적 사고를 피할 수 있을 것이다. 투자에서 인간의 본능적 사고는 절대 정면으로 극복할 수 없다. 피하는 방법을 만들어 미리 예방하는 것이 최선이다.

⑥ 커뮤니티를 떠나라

　현재 투자를 하고 있는 대부분의 투자자는 종목 토론방, 카카오 단톡방, 카페, 텔레그램방 등 커뮤니티 사이트 중 적어도 하나 이상의 커뮤니티에 참여하고 있거나 참여해 본 경험이 있을 것이다. 과연 이런 커뮤니티들이 도움이 될까?

　우리가 커뮤니티에 참여하는 이유는 인사이트를 얻기 위해서라고 할 수 있다. 물론 나는 동의하지 않지만, 보편적인 이유는 그럴 것이다. 커뮤니티 속 그들의 대화나 의견을 통해 좋은 투자 의견을 얻는 것이 그 커뮤니티에 속해 있는 목적일 수 있다. 하지만 여기서 정말 알아야 할 것이 있다. 개인 투자자는 잃는 사람이 훨씬 더 많다는 사실이다. 정말 긍정적으로 그 커뮤니티에서 수익이 나는 투자자가 10%라고 가정하자(손실이 나는 투자자일수록 커뮤니티 참여율이 높다). 그렇다면 여러분이 인사이트를 얻으려는 사람은 그 중 10%에 해당되는 사람일 것이다. 과연 여러분이 커뮤니티에서 수익이 나는 투자자 10%의 인사이트를 구별할 수 있을까? 어떤 사람들은 수익이 나는 투자자들이 많은 의견을 제시할 거라고 생각하는데, 전혀 그렇지 않다. 굳이 수익이 나는 투자자가 자신의 분석을 다른 사람에게 알려 줄 필요가 있을까? 그 사람이 의견을 공유했을 때 그 사람이 얻는 것은 무엇일까? 아마도 커뮤니티 내에서의 명예 또는 포인트를 얻을 수 있을지 모른다. 하지만 수익이 나는 투자자가 그 명예와 포인트가 얼마나 중요할 것이라고 생각하는가? 수익이 나는 투자자는 그 시간에 자신의 투자를 하는 것이 가장 효율적이지 않을까?

　이 명예와 포인트가 중요한 사람은 사실 따로 있다. 손실을 보고 있는 투자자들이다. 이들은 수익을 내지 못하고 있기 때문에, 수익에 대한 욕구불만 상태에 놓여 있다. 그들은 이 욕구를 다른 곳에서 채울 수밖에 없고, 그것이 바로 커뮤니티의 명예와 포인트가 될 수 있다. 어느 정도 노력을 했지만 투자에 실패한 사람들이 여기에 해당될 확률이 매우 높다. 그럴듯한 인사이트를 통해서 자신을 존경하는 거뮤니티 회원들을 보며, 수익에 대한 갈망을 채워 간다. 나는 실제로 이런 사례를 여러 번 목격했다. 나는 2018년 유튜브 초창기 시절부터 카카오 단톡방을 만들어 운영해 왔다. 단톡방의 목적은, 회원들 간의 투자 의견 교환이 아닌, 투자 원칙에 대한 교류가 목적이었다. 그러나 시간이 지날수록 투자 의견을 제시하거나, 가격을 찍어 매수를 추천하는 사람들도 나타나기 시작했다. 나는 그런 것들도 회원들 간의 교류라고 생각하여 그냥 놔두었다. 그렇게 방관하다 보니, 단톡방 안에서 인기 있는 회원들이 만들어지기 시작했고, 그 몇 명의 의견에 사람들이 귀를 기울이며, 그들에게 존경을 표현했다. 그러던 어느 날, 그중 가장 인기 있는 회원 중 한 사람이 나에게 개인 메시지를 보내왔다. 그 내용은 충격적이었다. 돈을 빌려줄 수 없냐는 것이었다. 20만 원만 빌려준다면, 내일 줄 수 있다고 얘기했다. 그의 사연을 들어 보니, 그는 이미 투자로 전 재산을 탕진하고 일용직으로 일을 하고 있었고, 그렇게 하루하루 번 돈 또한 매일 투자로 잃고 있는 중이었다. 나는 그의 사연이 안쓰러워, 그에게 결국 20만 원을 빌려주었다(이 당시 돈을 빌려준 적이 몇 번 있었지만, 2019년 이후 구독자에게 돈을 빌려준 적은 단 한 번도 없다). 대신 나는 그에게 그 돈을 빌려주며 말했다.

"대신 앞으로는 단톡방에서 의견을 제시하지 말아 주세요. 당신 의견이 많은 투자자에게 손실을 안겨 줄 겁니다. 이건 중요한 문제이니, 앞으로는 절대 의견을 제시하지 마세요!"

나는 그렇게 그에게 확답을 받고 20만 원을 빌려주었다. 그 돈은 정말 다음 날 갚았지만, 이후에도 돈을 빌려달라는 요구는 계속되었다. 그렇게 몇 번의 돈이 오가고, 도저히 안 될 것 같아 그를 차단해 버렸다.

하지만 차단한 지 며칠 뒤에 단톡방을 보고 나는 깜짝 놀랐다. 나에게 돈을 빌리던 그가 매수 진입 가격까지 정해 가며, 이른바 리딩을 하고 있는 것이 아닌가. 나는 당황스러워 그를 바로 추방했다. 그 뒤로 나는 내가 관리하는 커뮤니티에서, 투자 의견을 내는 것을 금지하였다. 대표적인 사례지만, 오랫동안 커뮤니티를 운영하다 보면 이런 경우가 자주 있다.

여러분 중에서도 돈을 잃고 있으면서 커뮤니티에 투자 의견을 제시해 본 사람이 분명히 있을 것이다. 평균의 경우라고 생각해도, 돈을 잃는 개인 투자자가 90%라면, 투자 의견을 내는 사람 중 90%는 돈을 잃는 사람일 것이다. 나는 사실 이런 "돈을 잃는 사람이 대부분이다."라는 공식이 전문가, 투자 유튜버, 주식 카페 관리자, 리딩방 등에 있는 모든 사람에게 다 똑같이 적용된다고 생각한다. 그래서 나는 그 어떤 누구의 말도 믿지 않는다. 내가 이런 얘기를 하면 어떤 구독자들은 이렇게 묻는다.

"아무 의견이나 다 받아들이지 않고, 선별해 내면 되지 않나요?"

나는 여기에 명확하게 답할 수 있다. 우린 애초에 그것을 구별해 낼 능력이 없다. 그런 능력이 있었다면, 굳이 커뮤니티에서 남의 의견이나 참고하고 있진 않을 것이다.

⑦ 고수를 따라 하면, 돈을 벌 수 있을까?

요즘 많은 유튜브나 방송, 또는 커뮤니티에서 투자 고수라고 불리는 사람들을 쉽게 찾아볼 수 있다. 자칭 고수인 사람들도 있고, 주변 사람들이 고수라고 일컫는 사람들도 존재한다. 그럼 이런 사람들은 정말 투자 고수일까? 대부분 화려한 언변을 앞세워 눈속임을 한 자칭 고수이거나, 운이 좋아 1~2년이라는 짧은 기간에 많은 돈을 번 사람들이 대부분이다. 1~2년이라는 짧은 기간에 돈을 벌었다는 고수들도, 투자 내역을 실제로 인증하는 경우는 굉장히 드물어, 사실관계를 확인하기는 어렵다. 사실 미디어에 알려진 투자 고수의 목적은 많은 구독자 또는 회원 등을 통해 수익을 가져오는 데 있다. 이 목적이 전부는 아닐 수 있지만, 상당 부분을 차지할 것이다. 이것은 나 또한 마찬가지다. 그래서 나는 투자 내역 전체를 공개하여, 실제로 수익이 나는 투자자라는 사실을 인증했다. 나의 교육과 방송이 재미없음에도, 구독자들이 존재하는 것은 이렇게 전체 투자 내역을 공개했기 때문이다. 이렇게 전체 투자 내역을 공개하는 것만으로도 최고의 홍보 효과를 기대할 수 있지만, 대부분 공개하지 않는다(일부만 공개하는 것은 의미가 없다). 그 이유는 수익을 낸 투자 내역이 없기 때문이 아닐까? 나도 방송을 하는 입장에서 도저히 다른 이유는 떠오르지 않는다.

물론 나도 투자 고수로 인정하는 사람들이 있다. 내가 생각하는 고수의 조건은 10년 이상 투자로 꾸준히 수익을 낸 사람이다. 하지만 실제로 10년 이상 투자로 수익을 얻어서, 투자 내역 전체를 공개한 사람은 손에 꼽을 정도로 드물다.

개인 투자자들이 꿈꾸는 것은 짧은 기간에 많은 돈을 버는 것이다. 매우 허황된 꿈임에도 불구하고, 그 유혹을 뿌리치기가 어렵다. 그래서 개인 투자자들은 단기간 많은 수익을 낸 고수의 비법(?)을 배우려고 애를 쓴다. 실제로 그들이 많은 돈을 벌었다고 하더라도, 앞으로도 많은 돈을 벌 수 있을까? 현재 각종 마켓에 투자하는 국내 투자자는 천만 명을 훌쩍 넘는다. 이렇게 많은 투자자 중 소위 대박을 터트린 사람들은 당연히 존재할 수밖에 없다. 복권을 샀을 때 1등 당첨자가 나오는 것과 같다. 필연적으로 짧은 기간에 돈을 많이 번 사람들은 존재할 수 있지만 그들이 앞으로도 같은 수익률을 가져갈 가능성은 매우 낮다. 복권에 두 번 당첨되는 것과 같은 확률일 것이다.

또한 짧은 기간에 많은 돈을 벌었다면, 높은 리스크를 가지고 투자했을 것이며, 그런 리스크는 큰 손실로 이어질 수 있는 구조를 가지고 있다. 개인 투자자들이 지향하는 고수의 수익은 결국 높은 리스크를 동반해야만 가능하다. 설사 그 고수의 비법이 정말 수익을 내는 방법이라고 하더라도, 큰 리스크가 가지는 심리적인 동요로 인해서, 그 비법을 따라 하기도 어려울 것이다.

사실 그 고수라는 사람들이 돈을 벌 수 있었던 이유는 간단하다. 그들의 비법이란, 높은 리스크를 가진 무리한 투자를 감행했는데, 그때가 마침 상승장이었을 뿐이다. 물론 그들이 다른 사람보다는 투자 능력이 조금 뛰어났을 수는 있다. 하지만, 그 상승장에서 그들이 대박을 터트린 방법이 하락장이나 박스권 장세에서 통할 리가 만무하다. 오히려 그런 방법은 다른 시장에서는 더 큰 손실이 발생할 것이다.

사실 10년 이상 수익이 인증된 투자의 대가라고 생각되는 사람들에게 절대 비법 따위는 존재하지 않는다. 그들의 책을 읽어 보면 비법보다는 그들이 가진 투자 철학이 느껴지는 경우가 대부분이다. 투자는 단기간 높은 수익을 올리는 것이 목표가 되어서는 안 된다. 오랜 기간 꾸준히 수익을 얻을 수 있어야만 한다. 만약 고수에게 배울 것이 있다면, 그것은 바로 대박을 터트리는 투자 비법이 아닌 오랜 기간 내 자산을 지켜 줄 투자 철학이어야만 한다.

⑧ 밴드 왜건 효과

투자에서 우리도 모르게 판단 착오를 일으키는 현상은 많이 설명해 왔다. 그중 가장 자주 나타나는 현상 중 하나가 밴드 왜건 효과다. 왜건이라는 차의 종류는 남자라면 대부분 들어 봤을 것이다. 밴드 왜건이란, 퍼레이드나 정치 집회와 같은 행사의 맨 앞에서 밴드를 태우고 다니며, 사람들의 관심을 끄는 왜건 형태의 자동차를 말한다. 이렇게 관심을 끌어 사람을 몰리게 하고, 하나둘 모인 사람들이 군중심리에 휩싸여, 덩달아 행렬을 따르거나 지지하게 되는 현상을 밴드 왜건 효과라 한다. 현대 사회는 미디어의 발달로 인해, 인터넷상으로 이런 밴드 왜건 효과가 확장되고 있다는 것이 큰 문제다. 예전에는 밴드 왜건을 앞세운 행렬이 우리 앞으로 와야만 그것을 인지했지만, 우리는 인터넷과 유튜브에서 매일같이 수많은 밴드 왜건 행렬을 마주하고 있다. 특히 빈부 격차, 정치, 남녀와 같이 사회적 대립 요소를 가지는 콘텐츠에 이런 밴드 왜건 효과가 나타나는 것이 요즘 들어 심각한 사회적 갈등을 부추기고 있다. 하지만 더 큰 문제는 투자에서 이런 밴드 왜건 효과가 자주 발생한다는 것이다.

"앞으로 신재생 에너지 시대가 열립니다."

예를 들어, 위와 같은 콘텐츠를 접했다고 가정하자. 사실 너무나 당연한 얘기고, 누구도 반박하기 어려운 말이다. 하지만 주가의 상승은 다르다. 신재생 에너지 시대가 열린다고 해서 신재생 에너지 관련 기업의 주가가 모두 오르지 않으며, 주가가 당장 내려간다고 해도 전혀 이상하지 않다. 신재생 에너지 관련 기업들의 주가가 오를 시기 또한 알 수 없는 일이다. 하지만 콘텐츠를 만든 사람과 접하는 사람들은 모두 신재생 에너지 관련 기업의 주가가 오르길 바라는 사람이 대다수이고, 그들이 왜건에 올라타 여러분에게 달콤한 음악을 들려주고 있는 것이다. 중립적인 입장에서 콘텐츠를 보더라도 혹할 수밖에 없는 것이다. 우리는 기본적으로 다수결의 원칙을 따르는 사회에서 살아왔다. 이런 사회적 성향은 투자에서도 다수의 생각이 옳은 판단이라고 믿게 된다. 하지만 실제로는 전혀 다르다. 항상 투자에서는 다수의 개인이 돈을 잃어 왔고 앞으로도 그럴 것이다. 투자에서 다수의 판단을 따르는 것은 손실일 가능성이 훨씬 크다. 그래서 밴드 왜건 효과가 투자에서 굉장히 불리한 요소로 작용하는 것이다. 또한 대립 구조에 있는 것들이라면, 더욱 복잡하다.

"앞으로 자동차 시장은 전기 차일까, 수소 차일까?"

전기 차라고 생각하는 사람들은 전기 차 관련 콘텐츠에 모여 있을 것이며, 수소 차라고 생각하는 사람들은 수소 차 관련 콘텐츠에 모여 있을 것이다. 그리고 그곳에서 각자의 의견이 기정사실로 묘사되어 있을 것이다. 이런 미디어를 접하면, 쉽게 밴드 왜건 효과에 빠지고, 변별력마저 상실된다. 대중에 따라 나의 의사 결정이 움직이는 것인지 인지하기조차 어렵다. 사실 투자에서는 경제 관련 콘텐츠를 접하지 않는 것이 가장 좋겠지만(실제로 나는 경제 관련 콘텐츠를 거의 보지 않는다), 뉴스를 보다가, 유튜브를 보다가 주변 사람에게 듣는 경우까지, 경제 관련 콘텐츠를 완전히 차단하는 것은 불가능에 가깝다. 하지만 밴드 왜건 효과를 인지하고 있다면, 한 번쯤은 내가 아무 생각 없이 밴드 왜건 행렬을 따르는 사람 중 한 명이 아닌지 생각해 볼 수 있지 않을까?

9 유튜브를 멀리하고 책을 가까이하라

나도 오랫동안 유튜브에서 활동을 해 왔지만, 방송을 할 때마다 하는 얘기가 있다. 내 방송을 볼 시간에 좋은 책을 읽으라고 한다. 책과 유튜브 중 어떤 것이 투자에 더 도움이 될까? 투자 관련 유튜브를 운영하는 입장에서 보면 투자 유튜버는 좋은 점이 많다.

첫 번째는 진입 장벽이 매우 낮다. 물론 인기를 얻어 유튜브로 수익이 나는 것이 쉬운 일은 아니다. 하지만 꼭 투자를 잘하거나, 수익을 낸 경험이 있거나, 관련 지식이 풍부하지 않아도 투자 유튜버가 될 수 있다. 내가 아는 사람 중에는 책을 한 권 읽고 투자 유튜브를 시작한 사람도 있다. 유튜브에서는 책 한 권 읽는 것만으로도, 개인 투자자를 가르칠 수 있다는 뜻이다. 그만큼 투자에 대하여 무지한 개인 투자자가 많다. 그 뒤에 인기를 얻는 것은, 그의 언변에 달려 있다고 봐도 무방하다.

두 번째는 돈이 모이는 곳이다. 투자 관련 유튜브를 보는 사람들이라면, 그들은 현재 돈을 가지고 어디에 투자할지 고민하는 사람들이다. 그런 돈이 모이는 곳은 일반적으로 돈을 벌기가 유리하다. 유튜브는 광고를 소비하는 증권사나 가상 자산 거래소, 관련 플랫폼들 기업에게는 타깃팅이 굉장히 잘 되어 있는 매력적인 채널이다. 그리고 투자할 자금을 가지고 있는 사람들은 구매력 또한 뛰어나, 광고, 협찬, 멤버십 등 부가 수익을 얻기에도 다른 채널에 비해 유리하다. 또한 이런 장점은 사기꾼들에게도 매우 매력적인 타깃이 된다.

세 번째는 인기를 얻는 것이 다른 유튜브 채널에 비해 쉽다. 물론 유튜브가 인기를 얻고 활성화되는 것은 굉장히 어렵다. 하지만 다른 유튜브 채널은 콘텐츠의 기획력에 따라 채널의 성장과 인기가 결정되는 반면, 투자 관련 유튜브는 콘텐츠보다는 시청자들의 심리를 이용하거나, 이른바 속임수를 통해서 인기를 얻을 수 있다. 투자 유튜브를 시청하는 사람들의 심리는 돈을 벌고 싶어 하는 것이 가장 크다. 시청자들에게 돈을 벌 수 있는 희망만 줄 수 있다면, 인기를 얻는 데 매우 유리하다. 예를 들어, 최근 개인 투자자들이 2차 전지를 굉장히 많이 매수했다. 그렇다면 투자자들이 돈을 벌기 위해서는 2차 전지 가격이 올라야 한다. 그럼 유튜버는 2차 전지는 왜 올라야 하는지 또는 극단적으로 높은 목표가를 제시한다면, 당연히 그 유튜버의 인기는 올라갈 수 있다. 물론 2차 전지의 가격이 오르고 내리고는 중요하지 않다. 이후에 가격이 떨어진다면, 시청자들과 함께 공매도 세력을 비난하면 된다. 그럼 신기하게도 그 유튜버의 인기는 더 올라간다. 속임수 또한 그렇게 어렵지 않다. 투자 관련 방송을 하다 보면, 여러 가지 상승과 하락의 가능성과 수십 개의 종목을 분석할 수 있다. 당연히 상승과 하락의 가능성을 둘 다 이야기했으니, 하나는 맞았을 것이고, 수십 개의 종목을 이야기했으니, 그중 상승하는 종목이 존재할 것이다. 그렇게 시장의 방향성을 맞춘 것, 또는 상승한 종목을 맞춘 것들을 강조하고, 아닌 것들은 이후에 영상을 삭제하거나 이야기를 하지 않으면 된다. 물론 꾸준히 봐 온 시청자들은 의심을 할 수도 있겠지만, 꾸준히 유입되는 시청자들은 그런 사실을 다 알지 못한다. 그리고 교육을 한답시고, 승률이 높은 매매 방법을 설명하는 경우도 있다. 승률이 높은 매매 방법은 인기를 얻을 수 있지만, 승률이 높으면 당연히 손익비가 나쁘다. 승률이 높고, 손익비도 좋은 매매 방법이 있다면, 사실 누구나 단기간에 엄청난 부자가 될 수 있다. 그런 매매 방법은 존재하지 않는다는 것이다. 사실 승률이 높은 매매 방법은 손실이 나게 되면 큰 손실을 보지만, 대부분의 유튜버에게 그것은 중요하지 않다. 시청자가 돈을 버는 것이 목적이 아니라, 유튜브 채널의 성장이 그들의 목적이기 때문이다.

하지만 책은 다르다. 한 권의 투자 관련 책을 내기 위해서는 그 책을 채울 만한 방대한 지식이 필요하고, 그리고 그 책을 이끌어 가기 위해서는 그 사람만의 투자 철학이 확고해야만 한다. 또한 책을 출판하게 되면, 이후에 삭제를 하거나 말을 바꿀 수도 없다.

앞서 투자자는 노력을 해야 한다고 여러 번 이야기했다. 수익이 나는 투자자가 되는 것은 어렵고 힘든 일이다. 침대에 누워 유튜브를 시청하는 것은 절대 노력이 아니다. 스마트폰을 덮어 두고 책을 읽거나, 차트를 보고 원칙을 만들고, 백테스트를 하는 것이 훨씬 더 어렵지 않은가? 그게 바로 노력이다. 책을 읽는 노력만으로 수익을 얻을 확률을 높일 수 있다면, 어떤 시간을 아껴서라도 책을 읽는 것이 당연하지 않은가. 나는 아직도 항상 1달에 두 권 이상의 책을 읽는다. 유튜브에서 무엇을 얻으려 하지 말고, 시간이 날 때 좋은 책을 사서 읽기를 바란다.

⑩ 세력에게 속지 않으려면?

현재 주식시장이 이전보다 많이 나아졌다고는 하지만, 아직도 뉴스에 주가조작 이슈가 자주 들려온다. 하지만 뉴스에 나오는 것은 빙산의 일각일 뿐이다. 아직도 금융 당국의 눈을 피해 주가조작을 하거나 〈자본시장법〉에 저촉되지 않는 선에서 합법적으로 이익을 가져가는 세력들도 허다하다. 주식시장의 거래는 매우 단순한 구조다. 누군가 돈을 입금하고 그 입금한 돈으로 주식을 사서, 이후에 팔고 돈을 출금한다. 여기서 입금 금액과 출금 금액은 동일하다. 출금 금액이 더 커지기 위해서는, 즉 버는 사람이 더 많아지기 위해서는 내가 투자한 기업이 돈을 벌어 주주들에게 배당금을 나눠 주게 된다면, 출금 금액이 더 커질 수 있다.

하지만 앞서 얘기했다시피 한국 주식시장은 선진국과는 다르게 배당금이 아주 낮은 수준이며, 가상 자산 시장도 마찬가지로 우리가 코인에 투자한 자금을 통해 수익 사업이 이루어지지 않는 경우가 대부분이다. 그렇다면 시장에서 외국인, 기관, 기타 자금 운용 단체(이하 세력이라고 하겠다)가 굴리는 거대한 자금들이 돈을 벌려면 어떻게 해야 할까? 개인 투자사의 돈을 뺏어 가는 것이 가장 효과적이고, 빠른 시간에 돈을 벌 수 있다. 그들이 돈을 더 많이 벌기 위해서는 우리를 속이기 위해 최선을 다할 것이다. 그럼 우리는 어떻게 해야 할까?

그들을 최대한 멀리해야만 한다. 그들과 멀리하려면, 그 세력들이 막대한 자금력으로 할 수 있는 일이 무엇이 있을지 고민해 보면 된다.

첫 번째는 앞서 얘기한 것들 중 하나인 정보이다. 그들은 우리보다 정보가 정확하고 빠를 뿐 아니라, 막대한 자금으로 언론사를 이용할 수도 있다. 최근 대부분의 언론사는 비용을 지불하고 기사를 내는 것이 얼마든지 가능하다. 그러므로 우리가 얻는 정보는 이미 늦었을 수도 있고, 사실이 아닐 수도 있다.

두 번째는 호가 창이다. 막대한 자금이 있다면 호가 창에 매수 물량과 매도 물량을 쌓는 것은 어려운 일이 아니다. 호가 창에 매수 대기 물량이 많으면 우리는 안심하고, 매도 대기 물량이 많다면 공포에 휩싸인다. 이런 허위 물량들은 프로그램을 통해, 매수 또는 매도 가격에 도착했을 때 자동 취소도 가능하다. 실제 거래로 이어지지 않는다는 것이다. 막대한 자금만 있다면, 1원도 소비하지 않고, 개인들을 안정감 또는 공포감에 휩싸이게 만들 수 있는 것이 바로 호가 창이다. 개장 후에 호가 창의 물량과 반대로(호가 창에 매수 물량이 많으면 매도, 호가 창에 매도 물량이 많으면 매수) 매매하는 것이 수익이 난다는 정설이 있다. 굳이 많은 금액으로 매수하려는 세력이 호가 창에 사겠다고 광고할 리는 없다. 호가 창을 통해 그들이 매수한다는 것이 알려진다면, 그들은 더 싸게 살 기회를 놓치게 될 것이다. 그들이 돈을 벌기 위해서는 몰래 매수하는 것이 가장 유리할 수밖에 없다.

세 번째는 인플루언서나 유명인을 멀리하는 것이다. 유명 인플루언서가 선행 매매를 했다는 뉴스 보도도 종종 들린다. 여기서 선행 매매란, 특정 주식을 먼저 산 이후에 자신의 홍보 채널을 통해 그 주식을 추천하여 가격을 끌어올리는 행위를 말한다. 징역형에 해당하는 중범죄이지만, 실제로 적발되는 경우는 극소수에 불과하다. 자신과 관련 없는 제3자의 계좌를 사용해서 선행 매매를 한다면, 적발하기 어려운 게 사실이다. 유명하면 유명할수록 더욱 손쉽게 돈을 벌 수 있는 것이다. 모두가 그렇진 않겠지만, 일면식도 없는 인플루언서의 양심에 우리 자산을 투자하는 것은 너무 어리석지 않은가.

특히 가상 자산 시장 같은 경우 〈자본시장법〉이 아직 적용되지 않고 있다. 즉, 주가조작을 해도, 선행 매매를 해도, 법적으로는 문제가 되지 않는다는 뜻이다. 이미 나는 수많은 유명인과 인플루언서가 그런 방식을 통해 수익을 얻었다고 생각한다.

이제 입장을 바꿔서 한번 생각해 보자. 여러분이 한 종목의 주가를 움직일 만큼 막대한 자금을 가지고 있다면, 어떻게 할 것인가? 법에 저촉되지 않는 선에서 할 수 있는 최선을 다할 것 같지 않은가? 그렇게 최선을 다해서 한 행동은 어떠한 결과를 가져올까? 그 과정이 합법적이었다고 하더라도, 결론적으로는 저가에 개인들이 매도한 물량을 매수하고, 고가에 개인 투자자들에게 그 금액을 고스란히 매도하게 될 것이다. 아마 내가 얘기한 것 외에도 수많은 방법이 존재할 것이다. 우리는 그 세력이 돈을 버는 과정에 노출되지 않기 위해 최선을 다하여야만 비로소 수익을 내는 투자자에 가까워질 수 있다.

04
자금 및 리스크 관리

① 자금 관리가 필요한 이유

투자자들은 항상 최대치의 수익을 원한다. 하지만 투자에서 할 수 있는 최선은 확률적 우위일 뿐이지, 항상 많은 돈을 벌 수는 없다. 그렇다면 분산 투자를 해야만 한다. 그렇다고 단순히 나눠서 매수하는 것이 모든 답이 될 수는 없다. 국내 주식과 미국 주식, 코인, 부동산 등으로 나누어 분산 투자를 했다면, 자산이 안전할 수 있을까? 2008년 금융 위기나 2020년 코로나19 위기 때, 대부분의 개인은 손실을 피할 수 없었을 것이다. 물론 그런 경우가 아니더라도, 전체적으로 시장경제가 침체로 흘러가게 되면, 지속적인 주가 하락으로 손실을 보게 될 것이다. 굳이 경제 침체가 아니더라도 비교적 높은 가격에서 위와 같이 분산 투자를 했다면, 같은 결과를 맞이할 것이다. 여러분이 수익이 나는 투자자가 되고 싶다면, 오랫동안 투자시장에서 살아남아야 한다.

역사를 돌이켜 보면, 경제 위기나 경기 침체는 투자 인생에서 반드시 몇 번은 겪게 될 일이다. 그렇다면 이런 위기에 우리는 어떻게 대비할 수 있을까? 그 답은 여러분도 알고 있듯이 자금 관리다. 물론 경제 위기를 예상하고 현금 보유량을 많이 늘려 놓는 것이 최선이겠지만, 그것은 애초에 예측 자체가 불가능한 것이기 때문에 방법이라고 볼 수 없다. 개인 투자자들에게 필요한 것은 내가 투자하는 시장의 주가가 하락하더라도, 손실을 줄이거나 오히려 수익이 날 수 있는 방법이다. 이것은 전혀 불가능하지 않다. 보편적으로 알려진 방법처럼 주식과 금을 함께 사는 것과 같이, 효과적으로 자금 관리를 하는 방법에 대해 알아보자.

만약 여러분이 최근(2023년 4월 기준) 한창 관심이 쏠리는 AI 산업에서 선두 주자로 평가되는 마이크로소프트와 구글에 투자를 하고 싶다고 가정해 보자. 하지만 현재 높은 금리와 경기 침체의 가능성 때문에 투자가 망설여진다면 어떻게 해야 할까? 그렇다면 여러분은 마이크로소프트와 구글에 투자하고, 빅테크 기업(마이크로소프트와 구글이 포함된)의 공매도 ETF 상품을 함께 구매할 수 있다. 이후 전체적인 시장이 상승한다면, 공매도 ETF 상품의 손실보다 마이크로소프트와 구글의 주가가 더 상승하여 수익을 가져다줄 것이고, 전체적인 시장이 하락한다고 해도, 마이크로소프트와 구글의 주가가 다른 빅테크 기업들의 주가보다 하락 폭이 작아 수익이 날 수 있다. 상승과 하락에도 수익이 날 수 있는 이러한 전략은 얼마든지 가능하다.

코인에서도 물론 가능하다. 여러분이 리플(XRP, 국내에서 인기 있는 코인 중 하나)이 여러 가지 이유로 오를 가능성이 크다고 판단된다면, 리플을 매수함과 동시에, 매수한 금액과 같은 금액으로 다른 코인들에 분산하여 공매도를 하는 방법도 있다. 이와 같은 경우도 코인 시장이 상승했을 경우와 하락했을 경우 모두 수익이 날 수 있다. 이런 방식은 시장의 움직임과 상관없이, 종목 선택만으로 우위를 점할 수 있다. 물론 수익률이 조금 떨어질 수 있지만, 응용하는 방법에 따라 더 높은 수익률도 가능하다.

여러분이 수익이 나는 투자자가 된다는 가정이라면, 오랜 기간 투자를 할 수밖에 없고, 그 통계상 3~4번의 예측하지 못한 경제 위기를 겪을 수 있다. 언제든 그런 위기가 왔을 때 버텨 낼 수 없는 투자를 하고 있다면, 여러분은 절대 부자가 되지 못할 것이다.

② 여러분은 리스크 관리를 모른다

투자에서 리스크 관리는 매우 중요하다. 이런 말은 사실 지겹게 들었을 것이다. 그리고 다 나름대로 리스크 관리를 하고 있다고 생각한다. 하지만 나의 기준으로는 대부분의 투자자는 리스크 관리를 제대로 하지 않는다.

일반적으로 리스크 관리라고 하면 대부분 한국어로 위험 관리라고만 이해하고 있다. 하지만 투자에서 사용하는 Risk management의 총체적인 의미는 위험 관리와 자금 관리를 함께 포함한다. 투자에서 위험을 관리하기 위해서는 자금 관리가 함께 동반되어야 하기 때문이다. 개인 투자자도 대부분 위험 관리에 대해서는 잘 알고 있다. 예를 들어 한 종목에 모든 돈을 투자하는 것, 아니면 변동 폭이 큰 종목에 투자하는 것, 손절 가격을 정해 놓지 않고 투자하는 것, 그리고 높은 레버리지(Leverage, 차입금을 이용해 더 많은 돈을 투자하는 것)를 이용하여 투자하는 것 등을 피하려고 대부분 노력은 하고 있다. 물론 이런 위험 관리조차 하지 않는 투자자들이 더 많다.

"그렇다면 자금 관리란 무엇일까?"

자금 관리는 현금 보유와 분산 투자로 분류할 수 있다. 먼저 현금 보유에 대해서 이야기해 보자. 자금 관리의 첫 번째는 누가 뭐라 해도 현금이다. 여러분이 투자하고 있는 시장이 폭락하거나 경제 위기가 발생한다면, 현금을 얼마나 들고 있는지가 부자로 남느냐, 안 남느냐를 결정지을 것이다. 앞서 이야기했듯이 우리가 만약 돈을 벌 수 있다는 가정이라면, 투자는 죽기 전까지 계속될 것이며, 그러면 반드시 경제 위기는 몇 번쯤은 겪게 될 문제이다. 하지만 단순히 경제 위기 때문이 아니더라도 현금 보유는 항상 필요하다. 현금이 없다면, 좋은 투자시장이나 종목을 발견하더라도, 투자를 할 수가 없다. 단순히 내가 가진 모든 돈을 투자해 놓고 그 종목들이 오를 이유를 찾으며, 시간을 보내는 것은 투자가 아니다. 어느 정도의 현금을 보유한 상태에서 또 다른 좋은 투자처를 찾는 것이 바로 투자를 하고 있는 것이다.

어떤 시장이든 상승장만 있는 시장은 없다. 항상 상승장과 하락장이 반복된다. 만약 여러분이 가상 자산에만 투자하고 있다면, 언젠가는 큰 폭의 하락을 경험할 것이다. 이렇게 하나의 시장에 몰입해서 투자를 한다면, 현금 보유분을 가지고 있다고 하더라도, 그 시장이 하락할 때 추가 매수밖에 생각하지 못할 것이다. 그렇다면 이것은 위험 관리에도 벗어난 일이며, 자금 관리에도 벗어난 일이다. 이런 리스크 관리를 위해서는 시장을 넓게 바라볼 필요가 있다.

리스크 관리를 위해서 여러분이 해야 할 일 중 하나는, 여러 시장에 함께 투자하는 것이다. 요즘에는 국내 주식뿐만 아니라, 미국 주식, 가상 자산, 원자재, 금, 은, 달러, 이머징 마켓(신흥 국가 시장) 등 투자할 곳은 수없이 많다. 이 중 여러분이 관심이 있거나, 앞으로 관심을 가지고 싶은 마켓을 정하여, 현재 자산의 비중을 어떻게 나눌지부터 정해야 한다. 예를 들어, 미국 주식 20%, 국내 주식 20%, 금 10%, 달러 10%, 이머징 마켓 10%, 현금 30% 이런 식으로 미리 계획을 잡아 놓는 것이다. 그리고 매수 시기가 왔을 때, 정해 놓은 비중까지만 늘려 가면 된다. 또한 이렇게 자산을 구성할 때, 상관관계를 고려하여 정해야만 한다.

• S&P500과 KOSPI 차트

　다음은 미국 S&P500 차트와 국내 KOSPI 차트이다. 이 두 차트는 경제 이론을 떠나서, 차트만 보•아도 비슷한 흐름으로 움직이는 것을 볼 수 있다. 이렇게 상관관계가 밀접한 시장으로 자산을 모두 구성해서는 안 된다.

• 오일과 금 차트

이 차트는 오일과 금 차트이다. 차트만 보아도 서로 반대 방향으로 움직이는 것을 확인할 수 있다. 이와 같이 상관관계가 떨어진 상품으로 자산의 비중을 적절하게 설정해야만 한다. 이런 흐름의 확인은 차트로도 체크할 수 있으므로, 굳이 경제 이론을 공부할 필요도 없다. 한 시장의 종목들도 섹터를 나누어 이런 방식으로 비중 조절을 할 수 있다. 이런 방식의 자금 관리 계획을 세우게 되면, 특정 시장에 집착하지 않으므로, 모든 자산을 한곳에 투자하거나 레버리지(Leverage)를 이용한 위험 거래 등도 예방할 수 있다.

또한, 현금의 비중을 정해 놓는 것은 자금 관리에 매우 중요하다. 현금을 가지고 있는 것도 투자의 일환이다. 시장이 하락한다면, 현금을 가지고 있는 것만으로도 상대적으로 돈을 번 셈이다. 또한 앞서 얘기했듯이 현금이 없다면 좋은 시장과 종목을 발견하더라도 투자를 할 수 없다. 현금이 없어 좋은 기회를 놓칠 수 있는 것이다. 그리고 사업에서는 예산을 정할 때 항상 예비비란 것이 존재한다. 예비비란, 예상치 못한 일이 발생했을 때 사용하기 위해서 예비로 책정해 두는 예산이다. 투자에서도 어떠한 일이 발생할지 모르기 때문에 이 예비비는 항상 필요하다.

이렇게 여러 방법으로 자산을 관리하는 것이 바로 Risk management 라고 하는 것이다. 사실 한 시장만을 바라보고 투자한다면, 어떤 시장에서든 주가가 하락하기 시작하면 돈을 벌 수 없다(공매도 투자를 제외한다면). 이것은 투자의 신이라도 불가능한 일이다. 언젠가는 시작될 하락장 또는 전혀 예상하지 못한 큰 움직임에 엄청난 손실을 볼 수밖에 없다. 이렇게 큰 개념에서의 리스크 관리 계획을 먼저 세워 두고 투자를 시작해야 진정한 리스크 관리를 할 수 있다.

③ 현금화와 공매도

　개인 투자자들의 투자 유형 중 안타까운 부분 하나는 현금화를 하지 않는다는 것이다. 물론 일시적으로 현금화를 하는 투자자들은 있다. 하지만 현금화한 상태로 오랜 기간 기다리는 사람은 거의 없다. 수익의 확정은 현금화하는 단계에서 완료된다. 우리 주식 계좌에 보이는 수익은 매도하기 전까지 실제 수익이 아니다. 현금화를 해야만 실제 수익으로 종료된 것이다. 이런 현금화의 중요성을 강조하는 이유는 수익을 확정 짓는 부분 때문만은 아니다.

　앞서 얘기한 리스크 관리 외에도 현금화는 시장을 바라보는 객관성을 기르는 투자 훈련에 있어 아주 중요하다. 우리가 항상 종목을 보유하고 있는 상태라면, 시장을 객관적으로 볼 수 있을까? 항상 속내에는 시장이 올랐으면 하는 바람으로 정보를 찾거나, 차트를 분석할 것이다. 과연 이런 상태에서 오롯이 객관적으로 시장을 판단할 수 있을까?

　보유한 종목이 오를 때는 욕심에 눈이 멀어 현금화가 불가능할 것이고, 떨어질 때는 손실을 회피하려는 성향으로 팔지 않거나, 어쩌면 공포심에 막대한 손실을 보며 팔지도 모른다.

　이렇듯 종목을 보유한 상태에서는 시장이 어떠한 방향으로 가더라도 합리적인 판단이 잘 안되는 경우가 대부분이다. 하지만 현금화를 한 상태에서는 감정의 동요를 줄이고, 시장을 좀 더 객관적으로 판단할 수 있다. 당연히 시장이 계속 오를 리는 없기 때문에, 현금화를 하고 기다릴 줄 아는 지혜 또한 필요할 것이다. 오히려 종목을 항상 보유하여, 아침에 설레는 마음으로 계좌를 보는 것이 삶의 재미 중 하나라면, 그것은 투자가 아닌 도박을 하고 있는 것일 가능성이 크다.

투자에서 수익을 소비하는 것 또한 중요하다. 단순히 컴퓨터나 스마트폰이 보여 주는 수익률을 보며 설레는 것보다, 현금화한 돈을 소비하며, 내가 지켜 온 투자 원칙에 대한 보람과 결과를 즐기는 것도 올바른 투자를 이어 나갈 수 있는 힘이 된다. 어느 정도 수익이 발생했다면, 현금화한 이후 시장에서 한 발짝 물러나 수익을 즐기며, 시장을 지켜보는 것도 좋은 투자 습관을 만드는 과정 중 하나가 된다.

만약 어느 정도 투자 경험이 있다면, 공매도를 하거나 인버스 ETF 상품(주가가 하락할 때 수익이 발생하는 상품들)을 보유하는 것도 추천한다. 투자자가 시장의 상승만을 목표로 두고, 투자하는 것은 시장에 대한 객관성을 상실하는 요소가 된다. 공매도와 인버스 투자를 배제한다면, 수익을 내기 위해서는 시장이 상승한다는 전제 조건이 필요하다. 이런 전제 조건을 가지면, 시장을 굉장히 편협한 시선으로 바라볼 수밖에 없다. 하지만 하락장에서도 수익을 낼 수 있다면, 상승과 하락을 모두 열어 두고 객관적으로 바라볼 수 있을 것이다.

시장에서는 상승을 바라는 투자자들이 항상 더 많기 때문에, 공매도를 미닌하는 경향이 있다. 하지만 개인 투자자가 주가 하락에 베딩하는 것은 도덕적으로 문제가 될 일이 절대 아니다. 물론 거대한 자본들이 집중적으로 공매도를 하며, 시장을 조작하는 것은 나 또한 반대한다. 하지만 개인 투자자가 공매도의 가능성을 열어 놓고 투자하는 것은 객관적으로 시장을 바라보는 데에 오히려 큰 도움이 될 것이다.

④ 투자에도 쉼이 필요하다

앞에서도 현금화한 이후 시장을 객관적으로 바라보는 것에 대한 중요성을 강조했다. 이것은 현금화 이후 투자를 쉬는 기간에만 가능한 일이다. 이처럼 투자에서는 '쉼'도 중요하다.

객관적인 시선을 가지는 목적에 더해, 그동안 자신을 정비하고, 앞으로의 투자를 개선하기 위한 시간을 가질 수 있다. 나는 유튜브로 방송을 하면서, 몇 달간 투자를 하지 않을 때도 많이 있었다. 그 시기에도 방송을 통해 꾸준히 교육을 했지만, 내가 투자를 하지 않았기 때문에, 내 채널의 인기는 급격하게 떨어지기 시작했고, 유튜브의 수익 감소로 이어졌다. 이런 이유로 각종 투자 관련 미디어는 항상 어떤 방식으로든 여러분에게 투자를 종용할 수밖에 없다. 그들은 여러분이 현금화한 자산을 멈춰 있지 않게 한다. 그 자산이 순환될수록 그들의 수익은 창출된다. 더욱 큰 문제는 그들이 투자를 종용하고 있다는 것을 개인 투자자들은 알아채지 못한다는 것이다.

우리가 투자할 시간은 아직 너무나도 많다. 현금화한 상태에서 수익을 못 낸다고 해도, 절대 아쉬워할 필요가 없다. 우리가 투자하는 목적은 지금 당장 돈을 벌기 위해서가 아니라, 부자로 남는 것이어야만 한다. 백 세 시대에 우리가 투자할 시간은 50년 이상 남아 있을 것이다. 그중 몇 개월 투자를 안 한다고 해서, 여러분의 미래가 절대 바뀌지 않는다.

주가 흐름의 사이클을 기간으로 분류하면, 저점 횡보, 상승 추세, 고점 횡보, 하락 추세로 나눌 수 있다. 사실 여기서 개인 투자자가 돈을 벌 가능성이 가장 큰 기간은 상승 추세 기간이다. 나머지 기간에는 돈을 벌지 못하거나, 오히려 잃을 확률이 높다. 일반적으로 상승 추세 기간은 다른 기간에 비해 훨씬 더 짧다. 실제로도 차트 사이클상 상승 추세 기간은 전체 기간의 20%

가 되지 않는다. 상승 추세 외의 80% 기간에는 투자를 하지 않는 게 오히려 더 수익이 난다는 뜻이다. 물론 상승 추세 시작 전에 투자를 하는 것과 상승 추세 이후에 투자를 멈추는 것은 쉬운 일은 아니다. 그래도 운이 좋아 상승 추세에 어느 정도 이익을 봤다면, 쉬는 것이 확률적으로 훨씬 유리하다는 의미이다.

단순히 '쉼'이라는 것이 수익이 났을 때만 필요한 것은 아니다. 손실의 경우에도 마찬가지이다. 투자를 하는 사람이라면, 누구나 많은 손실을 낸 경험이 있을 것이다. 큰 손실 이후 투자를 했을 때 어떤 감정을 느끼는가? 마음이 조급해지고, 원금에 집착하며, 한탕을 노리는 투자를 하게 된다. 이런 감정은 인간의 본성이다. 사랑하는 사람과 이별을 한다면, 그립고, 슬프고, 괴로운 인간의 본성과 똑같다. 이런 본성에 따른 감정들은 단순히 억누른다고 해결되지 않는다. 지나고 보면 결국 해결해 주는 건 대부분 시간이다.

많은 사람이 큰 손실 이후에 어떻게 이 상실감을 해소할 수 있는지 나에게 물어보곤 했다. 사실 이것을 해결할 수 있는 방법은 휴식이 거의 유일하다. 그런 상실감이 해소된 이후에 투자를 시작해도 절대 늦지 않다.

하지만 투자로 부자가 되고 싶다면, 아예 투사를 놓아서는 안 된다. 쉬면서 해야 할 일은 지금 당장의 차트를 분석하며 종목을 찾아다니는 것이 아니라 과거의 차트를 돌아보는 것이다. 과거 차트에서 상승 추세가 시작될 때 있었던 움직임을 관찰하며, 그런 조건을 여유 있게 기다리는 것이다. 이렇게 투자의 '쉼'은 투자에 대한 한 단계 성장을 이끌어 낼 수 있는 중요한 기간이 된다.

⑤ 당신의 기대 수익은 얼마입니까?

투자를 하다 보면 국내 주식시장에서 아니면 가상 자산 시장에서, 또는 미국 주식시장에서 자신이 생각하는 기대 수익이 얼마인지 다들 생각해 본 적이 있을 것이다. 어떤 사람은 수익률로 1년 50%, 100%라고 말하기도 하고, 어떤 사람은 금액으로 천만 원, 5천만 원, 1억 원, 10억 원도 이야기한다. 과연 이런 기대 수익은 달성이 가능할까? 이런 기대 수익은 우리에게 어떤 영향을 줄까?

사실 애초에 대부분의 투자자는 기대 수익에 대한 계산이 잘못되어 있다. 기대 수익이란, 내가 생각하는 수익에서 손실을 뺀 값이다. 시장에서 우리가 수익만 볼 수는 없지 않은가. 그렇다면 내가 생각하는 수익에서 손실 예상을 뺀 후 기대 수익을 산출하는 것이 합리적이다. 여러분이 아까 떠올린 기대 수익은 그런 손실값을 제외한 것인가? 그럼 한 번 더 풀이해서 계산식을 정리해 보자.

기대 수익=예상되는 수익-예상되는 손실=(수익 확률×평균 수익)-(손실 확률×평균 손실)

이런 계산식으로 정의할 수 있다. 일반적으로 개인 투자자들은 기대 수익을 계산할 때 대부분 앞의 수익 확률×평균 수익을 기준으로 정하고, 손실 확률×평균 손실은 고려 대상이 아니다. 그렇다면, 여러분의 기대 수익은 명백히 잘못되었다고 말할 수 있다.

"기대 수익을 높게 정하는 것이 문제가 되나요?"

목표가 높으면 더 나은 과정을 겪을 수 있지 않을까 하고 생각할 수도 있다. 앞서도 얘기했지만, 투자에서 그런 논리는 맞지 않는다. 기대 수익이 존재하게 되면, 자연스럽게 그 기대 수익에 맞춰 투자를 진행할 수밖에 없기 때문이다. 달성이 어려운 기대 수익이라면, 결국 그만큼의 많은 리스크를 동반할 수밖에 없다. 결국 잘못된 기대 수익의 설정으로 인해 높은 리스크를 동반하게 되는 것이다. 나중에도 얘기하겠지만, 리스크를 동반하는 것만으로도 손실이 발생할 가능성이 더 커진다. 결론적으로 투자 방식의 문제가 아니라 단순히 높은 기대 수익을 설정하는 것만으로도, 투자자가 손실이 발생할 가능성이 커지는 것이다.

세상에서 가장 위대한 투자자 중 한 명인 워런 버핏의 평균 투자 수익은 연 20% 전후다. 세상에서 가장 위대한 투자자가 연 20% 전후인데, 여러분의 기대 수익률은 얼마인가? 다들 너무 높은 기대 수익을 꿈꾸는 것이 아닐까? 워런 버핏도 수익을 거두지 못한 해가 있었고, 대신 평균 수익을 훌쩍 뛰어넘는 시기도 존재했다. 그렇기 때문에 기대 수익이라는 것이 평균적으로 그만큼의 수익을 내야 한다는 족쇄로 작동해서는 안 된다. 또 하나 생각해 봐야 할 점은 워런 버핏은 주로 미국 수식시상에 투사하여 돈을 벌었다는 것이다. 최근에는 국내 투자자들도 미국 주식시장에 많이 투자하지만, 미국 주식시장과 국내 주식시장 그리고 가상 자산 시장의 상승 추세에는 차이가 있다. 국내 주식시장은 미국 주식시장의 상승 폭을 따라가지 못하고 있으며, 가상 자산 시장은 상승한 것처럼 보이지만, 비트코인과 몇 개의 코인을 제외한다면, 2023년 현재 대부분의 코인이 2018년의 고점을 뛰어넘지 못하고 있다.

기대 수익 자체를 처음부터 생각하지 않는 것이 가장 좋지만, 꼭 정해야 한다면, 보수적으로 정하는 습관이 필요하다. 기대 수익을 정할 때 나의 매매 방식에서 발생할 손실도 감안해야 하며, 앞으로 시장의 방향성 또한 고려해야만 한다. 앞으로의 증시가 순탄하게 상승한다는 보장이 없지 않은가? 우리는 단순히 기대 수익을 낮추는 것만으로도 수익의 확률을 더 높일 수 있다. 그렇게 보수적으로 정한다면, 기대 수익보다 더 많은 이익을 거두는 해가 존재할 것이고, 손실을 본다고 하더라도 적은 손실로 1년 투자 농사를 잘 마무리 지을 수 있을 것이다. 그런 과정이 반복되어야만, 우리는 마지막에 수익이 나는 투자자로 남을 수 있을 것이다.

⑥ 하이 리스크 하이 로스

여러분도 로우 리스크(Low-risk) 로우 리턴(Low-return), 하이 리스크 (High-risk) 하이 리턴(High-return)이라는 말을 많이 들어 봤을 것이다. 이 말의 의미는 위험을 줄일수록 수익은 적고, 위험을 감수한 만큼 수익이 커진다는 의미이다. 나는 이 말에 절대 동의하지 않는다. 물론 틀렸다고는 할 수 없지만, 적어도 개인 투자자에게는 해당되지 않는다. 투자시장에는 레버리지 (Leverage) 상품이 매우 다양하게 존재한다. 레버리지의 의미는 남의 돈, 즉 차입금 등을 이용하여 내가 가진 자산보다 더 많은 투자를 하는 방식을 말한다. 대출을 이용한 부동산, 주식의 미수, 국내 ETF 2X 상품, 가상 자산 선물 상품 등이 다 이에 속한다. 이런 방식을 이용한다면, 수익이 나는 경우 더 많은 수익을 낼 수 있다. 하지만 결국 레버리지라는 것은 남의 돈을 빌려서 투자하는 것이다. 이것은 투자 심리에 아주 큰 영향을 미친다. 소액으로 투자하면 수익이 나지만, 더 많은 자금을 투자했더니 손실이 발생했던 경험은 대부분 투자자가 초기에 겪는 과정이다. 이것은 단순히 운의 문제가 아닌, 심리적인 문제 때문이다. 우리가 10만 원을 비트코인에 투자했다고 가정해 보자. 현재 4000만 원이던 비트코인이 20%가 하락해 3200만 원까지 떨어졌다. 내 자산은 8만 원이 되어, 2만 원 손실을 보았다. 그다음 우리는 어떤 행동을 할 수 있을까?

손절하여 손실을 확정하는 것.
추가 매수하여 평단가를 낮추는 것.
그냥 내버려 두는 것.

간단하게 이 3가지 방법이 있다면, 여러분은 어떤 것을 선택하겠는가? 대부분의 사람은 2만 원의 손실쯤은 손실을 확정해도 되고, 추가 매수를 하여 평단가를 낮춰도 상관없다고 생각할 것이다. 그냥 내버려 둬도 크게 신경쓰이지는 않을 것이다. 우리가 일상생활을 하면서, 2만 원을 절약할 기회는 얼마든지 있기 때문이다. 투자자마다 선택은 달라지겠지만, 큰 고민 없이 쉽게 결정할 수 있을 것이다.

하지만 만약 여러분이 그동안 모았던 5천만 원과 대출 5천만 원을 더하여, 1억 원을 비트코인에 투자했다고 가정해 보자. 그렇다면 위와 같은 경우에 손실은 -2천만 원이다. 위의 3가지 중 어떤 것을 선택하겠는가?

투자자마다 느끼는 생각은 다르겠지만, 판단하기가 쉽지 않다. 2천만 원의 손실을 확정하기에는 나의 자산 40%의 손실에 해당하고, 이 돈을 다시 모으기 위해선, 적어도 1년 이상의 힘든 시기를 보내야 할 것이다. 그리고 20%의 손실을 수익으로 전환하기엔 너무나도 멀게 느껴지기 때문에, 추가 대출을 통해 물타기를 고민할 수도 있다. 만약 그냥 내버려 두게 된다면, 하루하루 손실금을 확인하는 것 자체가 고통스러울 것이다. 이 경우도 투자자에 따라 다른 선택이 있을 수 있으나, 3가지 선택 모두 어렵다. 극단적이지만 앞에서 10만 원을 투자했을 때와 레버리지를 이용하여 1억 원이라는 무리한 투자를 했을 때 심리적 차이는 매우 크다.

선택이 어렵다는 것은 투자자에게 합리적인 판단을 방해한다. 많은 자금을 투자하거나 레버리지를 이용했다는 이유만으로 투자에서 매우 불리해지는 것이다. 또한 앞서 이야기했듯이 투자에서는 결과가 나올 때까지 항상 시간이라는 과정이 발생한다. 하이 리스크는 그 시간이라는 과정 동안 우리를 고통스럽게 하고, 나쁜 선택을 강요한다.

왜 워런 버핏이 세계에서 가장 위대한 투자자로 남았을까? 그는 로우 리스크를 가지고 연 수익률 약 20% 이상에 달하는 수익을 남겼기 때문이다. 시기에 따라 월가의 수많은 전문 투자자 중 몇 명은 워런 버핏의 수익률을 능가하기도 했다. 하지만 그들은 워런 버핏보다 위대한 투자자가 되지 못했다. 아무리 능력 있는 투자자라도 높은 수익률에 따르는 높은 리스크를 감당하지 못했기 때문에 그들 대부분은 사라졌고, 연 수익률 20%인 워런 버핏이 가장 위대한 투자자로 남아 있다. 우리가 위대하다고 생각하는 제시 리버모어의 사례를 보아도 그는 말년에 모든 돈을 잃고 스스로 목숨을 끊었다. 그가 수익을 많이 냈을 때, 수익률이 3년간 1,000%를 넘었다. 하지만 결국 결과는 하이 로스(High-loss, 많은 돈을 잃는 것)로 마무리되었다. 여러분이 리스크를 가지는 것을 하이 리스크, 하이 리턴으로 포장하지 마라. 개인 투자자에게 하이 리스크(High-risk)의 결과는 항상 하이 로스(High-loss)일 뿐이다.

⑦ 최고의 원칙 vs 수익이 나는 여러 개의 원칙

앞서 지속적으로 원칙에 대한 중요성을 이야기해 왔다. 원칙의 중요성을 강조하다 보면, 개인 투자자들이 수익이 많이 나는 최고의 원칙을 찾기 위해 노력을 하는 경우가 많다. 하지만 안타깝게도 세상에는 항상 수익이 많이 나는 최고의 매매 기법 따위는 존재하지 않으며, 앞으로도 존재하지 않을 것이다. 그런 기법이 세상에 몇 개라도 존재하고, 그 기법을 아는 사람이 있다면, 그는 세계 최고 부자 리스트에는 포함되어 있어야 할 것이다.

만약 달리기 대회에서 400m 경주를 하는데, 1명이 참가하든 여러 명이 참가하든 상관없는 룰로 경기를 진행한다고 가정해 보자. 선수들 중 특출한 한 명은 여러 명이 계주로 뛰는 것보다 400m 기록이 더 뛰어났다. 그래서 한 팀은 이 선수 한 명만을 출전시켰고, 다른 한 팀은 기록이 준수한 4명이 나눠서 뛰었다. 일반적인 경우라면, 한 명에서 뛴 팀이 좋은 성적을 낼 수밖에 없다. 하지만 한 명이 혼자 뛴 팀은 이 한 명의 상황에 따라 결과가 많이 달라질 것이다. 그 한 명이 컨디션이 좋지 않을 수 있고, 부상을 당해 경기에 참가하지 못할 수도 있다. 또, 경기 중 넘어지거나 다쳐 완주를 못 할 수도 있다. 하지만 4명이 뛰는 팀의 경우, 한 선수가 부상을 당하거나, 컨디션이 안 좋다면 3명이 뛸 수도 있고, 경기 중 넘어지더라도 대신 뛰어 줄 다른 선수가 있다. 그래서 4명이 뛴 팀은 매 경기 준수한 성적을 낼 수 있다. 원칙도 마찬가지다.

물론 가장 좋은 원칙 하나를 고를 수는 있으나, 그 원칙이 좋은 결과를 내지 못할 수 있다. 달리기 경기와는 다르게 투자에서는 좋은 결과를 내지 못하게 되는 것은 큰 손실일 것이다. 한 번의 부상이 은퇴로 이어질지도 모를 일이다. 하지만 수익이 나는 여러 가지의 원칙을 함께 사용한다면, 하나의 원칙이 수익을 내지 못하더라도, 다른 원칙으로 그 손실을 보완할 수 있다. 한동안 하나의 원칙이 좋지 못한 결과를 낸다면, 그 원칙을 빼고, 새로운 원칙을 추가하여 투자를 진행할 수도 있다. 이렇듯 여러 개의 원칙을 함께 사용하면, 리스크를 줄이고 지속적으로 준수한 결과를 가져올 수 있다.

이렇게 여러 개의 원칙을 사용하는 것을 굳이 어렵게 생각할 필요는 없다. 예를 들어 단기 투자, 중기 투자, 장기투자 이 3가지의 원칙을 사용하는 방법도 있다. 단기 투자는 단기 수급을 보고 매수할 수 있고, 중기 투자는 차트의 기술적 분석으로 매수할 수 있다. 그리고 장기 투자는 가치 투자의 개념으로 재무제표를 보고, 안정성과 성장성을 기준으로 투자할 수 있다.

또 다른 방법으로는 여러 가지 차트의 기술적인 분석으로 투자하는 방법이 있다. 하나는 차트 패턴을 보고 매수를 하고, 또 다른 원칙은 거래량 분석을 통해 매수를 하거나, 또 하나는 각종 보조 지표나 이동 평균선 등을 이용해 매수를 한다면, 여러 가지의 원칙을 만들 수 있다.

이런 원칙을 여러 개 만들어 낸다면, 좋은 결과를 낼 가능성이 상당히 커진다. 다시 말하지만, 시장에서 매번 높은 확률로 수익이 나는 절매 매매 기법 따위를 찾으려고 할 필요도 없으며, 당연히 그런 기법 따위는 세상에 존재하지 않는다. 하지만 수익과 손실을 반복하면서, 준수한 수익을 내는 원칙은 생각보다 많고, 그런 원칙을 여러 가지를 사용한다면, 수익이 나는 투자자가 되는 것은 결코 어려운 일이 아니다.

8 상승이 있으면 반드시 하락도 있다

앞서 매수가 있으면 매도가 있다는 걸 강조했다. 시장이 상승하는 좋은 시기에는, 하락의 가능성에 대한 생각을 점점 잊게 된다. 그도 그럴 것이 상승장에서는 주가가 하락하더라도, 단기 조정을 거쳐 상승하는 패턴이 반복된다. 그런 과정이 반복되다 보면, 하락의 가능성은 점점 잊혀 간다.

"하락장에 어떻게 대비하고 있습니까?"

주가가 고점이었을 때, 내가 시청자들에게 이렇게 물으면, 그들의 대답은 거의 같았다.

"아직은 하락장이 아니라고 생각하지만, 하락장에 대비하여 일부 현금화했고, 주가가 하락하면 매수할 예정입니다."

하락장에 대비하는 것은 일부 현금화하는 것도 아니고, 하락하면 매수하는 것은 더더욱 아니다. 주식시장도 하락장이 깊을 때는 30% 이상 하락하고, 코인 시장은 70% 이상 하락하기도 한다. 개별 종목이라면, 90% 이상 하락하는 종목도 많다. 얼마나 하락하면 매수한다는 것일까?

저런 대답을 하는 사람이라면, 나는 돈을 잃을 것이라고 확신한다. 큰 상승장이 있었다면, 언젠가는 큰 하락장이 만들어질 것이고, 그 하락장 때 저런 대응 방식은 되돌릴 수 없는 손실을 가져올 것이기 때문이다.

그렇다고 상승장일 때 하락장을 염두에 두고 포지션을 적게 가져가는 것 또한 좋은 방법이 아니다. 나는 2020년, 주식 투자는 하지 않고 가상 자산 투자만 하고 있었다. 그해 말, 나는 시청자들에게 말했다.

"지금부터 주식 투자도 같이 하겠습니다!"

당시 코스피 지수가 2,700으로 전고점을 갱신했던 시기였다. 사람들은 고점에서 투자를 시작한다고 의아해했다. 하지만 기본적으로 전고점 갱신 시 투자하는 것은 나의 투자 원칙 중 하나이다. 그렇게 나는 여러 종목을 매수했고, 꽤 괜찮은 수익이 났다. 2021년에도 주가는 계속 올라 코스피 지수가 3,300을 넘겼다. 그때부터 나는 하락장에 대비해야만 했다. 나는 기술적 분석을 통해 코스피 지수가 3,200 아래로 떨어진다면, 전 종목을 매도하고, 코스피 지수 인버스 상품을 사겠다고 말했다. 두 달이 지나, 지수는 3,200 아래로 떨어졌고, 나는 내가 정했던 가격에 모든 종목을 팔고, 인버스 상품을 샀다. 물론 확신했던 것은 아니었지만, 큰 폭의 주가 상승이 있었기 때문에, 하락장이 온다면, 그 하락도 클 것이라는 기본적인 생각을 가졌기 때문에 가능한 투자였다.

• 실제로 생방송과 커뮤니티에 공개했던 계좌

결과는 대성공이었고 인버스 상품을 코스피 지수 2,600에 팔면서 많은 수익을 얻었다. 사실 그 코스피 지수 3,200이라는 가격을 미리 정하지 않았으면, 나도 주가가 하락할 때 의사 결정을 하기 어려웠을 것이다. 왜냐하면 그 이전의 하락은 항상 더 큰 상승을 가져왔기 때문이다. 만약 3,200 아래로 떨어진 이후 다시 상승했다고 하더라도, 걱정할 필요는 없다. 나에게는 코스피 지수 3,200이라는 기준이 있기 때문에 3,200 위로 주가가 상승했다면 그때 좋은 종목들을 골라 다시 샀을 것이기 때문이다.

이런 이익을 만들 수 있었던 것은 상승이 있다면 반드시 하락이 있을 것이라는 기본 전제가 있었고, 그 하락장이 시작될 수 있는 가격을 미리 정해 두었기 때문이다. 상승장에서는 주저 없이 적극적으로 매수를 해야만 한다. 하지만 하락장에 대비하여, 모든 종목을 매도하고 현금화하거나 공매도를 할 가격은 항상 정해 놓고 있어야만 한다. 그렇지 않다면, 하락장이 몇 년 이후에 오더라도 시기만 바뀔 뿐이지, 돌이킬 수 없는 손실은 필연적으로 발생할 것이다. 꼭 기억해야만 한다. 상승장이 있다면, 반드시 하락장도 있다. 지금이 상승장이라면, 하락장에 대비할 가격부터 미리 정하자.

⑨ 투자 금액 계산법

투자를 할 때 한 종목을 얼마의 금액으로 매수해야 적당한지 많은 사람이 물어보곤 한다. 돈의 가치는 사람에 따라 다르기 때문에 당연히 보편적인 투자 금액이란 있을 수 없다. 결국 나에게 맞는 투자 금액을 정하는 것이 중요하다.

"어느 정도 수익을 내려면, 투자 금액이 ○○○만 원은 있어야 하지 않을까?"

대부분의 개인 투자자는 이렇게 기대 수익으로 투자 금액을 정한다. 또 어떤 사람들은 여윳돈으로 투자 금액을 정하거나 잃어도 되는 금액으로 투자하라고 말한다.

"어느 정도의 투자 금액이 나에게 적당할까?"

결국 이 금액의 기준은 기대 수익이 기준이 아니라 계산을 통해서 산출해야만 한다.

나에게 맞는 투자 금액을 계산하기 위해서는, 당연히 투자의 원칙을 먼저 정해야만 한다. 만약 여러분이 주식시장에서 3종목 정도로 분산하여 투자하겠다는 계획을 세웠다고 가정해 보자. 그리고 매수와 매도의 가격은(진입 때마다 혹은 종목별로 다르겠지만) 예시를 위해, 일괄적으로 정해 보자. 한 종목을 매수하면, 목표 가격은 진입 가격으로부터 20%가 상승했을 때, 손절 가격은 진입 가격으로부터 12%가 하락했을 때로 한다면, 투자 금액이 3개의 종목으로 나눠지므로 총투자 금액에서 3으로 나누고, 그럼 그 투자 금액의 1/3 금액에서 12%가 한 번의 투자로 잃을 손실 금액으로 정해진다. 만약 투자 금액이 3천만 원이라면, 한 종목에 투자하는 금액은 1천만 원이며, 한 번의 트레이딩에서 손절했을 경우 120만 원의 손실 금액이 발생한다. 이런 손실 금액을 계산한 후, 투자를 시작하기 전에 이 손실 금액을 감당할 수 있는지 시뮬레이션을 해야 한다. 그 120만 원이라는 손실 금액이 감당 가능하다면, 내 투자 금액을 3천만 원으로 시작할 수 있지만, 만약 이 한 번에 잃을 손실 금액이 감당하기 어렵다면, 투자 금액을 줄이거나 종목을 더 나누어야만 한다.

만약 여러분이 6개의 종목으로 분산 투자를 하겠다는 계획을 세웠다면, 이전과 같은 3천만 원의 경우 한 종목에 500만 원의 투자 금액으로 투자할 수 있고, 12% 손절했을 시에 60만 원의 손실이 발생한다. 이 60만 원의 손실은 전체 투자 금액 3천만 원의 2%에 해당되는 금액이다. 실제로 개인 투자자가 일반적으로 감당할 수 있는 손실의 안정적인 크기는 2% 정도 수준이다. 그런데 만약 이 3천만 원으로 한 종목에만 투자하는 트레이딩을 한다고 가정해 보자. 한 번의 트레이딩에서 12%의 하락한 가격으로 손실을 마감한다면, 360만 원의 손실 금액이 발생한다. 3천만 원에서 360만 원의 손실 금액이 발생했을 때 여러분은 투자의 원칙을 지켜 나갈 수 있을까? 투자금의 10%가 넘어가는 손실 금액은 대부분의 투자자에겐 감당하기 어려운 수준이다.

이렇게 나에게 맞는 투자 금액을 계산하지 않고, 단순히 기대 수익이나 내가 가진 자금을 기준으로 투자한다면, 여러분이 정한 투자의 원칙과 계획을 이어 나갈 수 없다. 감당할 수 없는 손실은 우리에게 무리한 투자를 강요하기 마련이다.

그리고 여기서 하나 더 고려해야 할 요소가 있다. 우리가 60만 원의 손실

금액을 감당할 수 있을 거라고 투자 금액을 정했지만, 실제로 투자를 시작하게 되면 60만 원의 손실조차 감당하지 못해 투자의 원칙을 지키지 못하는 경우가 허다하다. 그 이유는 자신에 대한 과대평가가 원인이다. 만약 60만 원이 감당 가능한 손실이라고 생각했다면, 그 반인 30만 원으로 줄여라. 이 금액이 여러분이 원칙을 지키며 투자로 사용할 수 있는 투자 금액이라고 생각해라. 우리가 시뮬레이션을 하는 것과 실제 투자를 하는 것에는 항상 차이가 있다.

05
기술적 분석의 기초

① 가치 투자의 비밀

여러분은 가치 투자를 어떻게 알고 있는가? 대부분은 앞으로 성장할 가능성이 큰 기업이기 때문에 가치 투자를 할 수 있다고 생각한다. 하지만 가치 투자는 그렇게 단순하게 생각할 문제가 아니다.

"가치 투자란, 기업의 가치보다 주가가 저평가되었을 때 사서 그 가치를 인정받을 때 파는 것이다."

우리나라의 대표 기업 삼성전자를 예로 들어 보자. 삼성전자가 우리나라 주식 중 가장 안전하고, 아직도 성장할 가능성이 큰 기업이라는 것은 그 누구도 반박할 수 없다. 특히 2010년대에는 더더욱 그랬다.

위의 차트에서 보는 바와 같이 삼성전자의 주가는 상장 이후 지속적으로 우상향을 해 왔다. 하지만 여러분이 2013년 1월 31,000원에 삼성전자의 주식을 샀다고 가정해 보자(현재 액면 분할한 가격 기준이다). 당시에도 삼성전자의 주가는 고공 행진을 하면서, 많은 개인 투자자의 관심을 받았다. 하지만 이후 가격은 하락했고, 다시 매수 가격인 31,000원에 도착하는 시기는 2016년 8월이다. 무려 3년 7개월이란 시기가 걸렸다. 물론 3년 7개월 동안 주식을 보유하고 있었다면 수익을 낼 수 있었을 것이다. 하락에 추가 매수를 했다면 더 많은 수익을 낼 수 있었을지 모른다. 하지만 무려 3년 7개월이란 시간을 보내는 사이, 다른 주식들은 삼성전자보다 강세를 보였다. 같은 시기에 SK하이닉스나 셀트리온 같은 주식을 샀다면, 더 많은 수익을 낼 수 있었을 것이다. 과연 여러분은 3년 7개월이라는 시간 동안 다른 주식이 올라가는 모습을 보면서 삼성전자의 주식을 장기간 보유할 수 있었을까? 가장 안전하고 우상향을 지속해 왔던 삼성전자를 예로 들었지만, 대부분의 다른 주식은 삼성전자보다 파동의 폭이 크기 때문에 더 많은 시간 또는 더 많은 손실 속에서 버텨야 할지 모른다. 아무리 성장 가능성이 크고 안전한 주식이어도, 기업의 가치보다 저평가되었을 때 사야 수익이 날 가능성이 커지는 것이다. 극단적으로 생각한다면, 삼성전자를 2021년 1월에 9만 원대에 샀다면, 2년이 넘게 지난 지금(현재 삼성전자 가격은 6만 원대이다) 여러분은 가치 투자를 마음 편히 할 수 있을까? 아니면 테슬라를 400달러에 샀다면(글을 쓰는 현재 테슬라 가격은 200달러대이다) 여러분은 가치 투자라는 변명 아래에서 힘겨운 싸움을 하고 있을 것이다. 테슬라와 삼성전자 모두 안정성과 성장성을 모두 가진 기업들이다. 하지만 여기서 가치 투자가 어려워진 이유는 종목 선택의 문제가 아니라, 저평가를 받았을 때 사지 않았다는 것이다. 글을 쓰는 현재 국내 2차 전지 종목들이 큰 폭의 상승세를 이어 가고 있다. 최근 골드만삭스에서는 국내 2차 전지 산업의 성장이 연평균 33%에 달할 것으로 예측한다(사실 연평균 성장률 30% 넘는 섹터들은 많이 있다). 그리고 많은 유튜브 경제 방송에서는 많은 전문가가 아직도 매수 시기라고 말하며, 2차 전지 시장은 극도로 가열되고 있다. 물론 2차 전지 산업에 대한 성장 가능성에 대해서는 동의한다. 하지만 지금이 저평가되었을 거라는 것에는 동의할 수 없다. 이런 성장 가능성이 큰 기업들이라고 하더라도, 기업의 가치에 비해 저평가되었을 때 사야만 한다. 이미 언론 보도를 타고, 많은 경제 전문가들이 분석하고, 애널리스트들이 매수 의견을 내놓을 때는, 이미 많은 사람이 관심을 가지는 시기이므로 저평가 시기라고 보기 어렵다. 물론 단기 상승의 높이는 알 수 없지만, 이미 개인 투자자들의 많은 관심을 받는 시기는 대부분 고평가되는 시기가 많다. 그럼에도 지속적으로 주가가 상승하는 기업이 있을 수 있지만 그런 종목을 매수하지 못했다고 해서 굳이 자책할 필요는 없다. 그 몇몇 종목이 아니더라도, 국내 주식 종목은 2천 6백 개에 달하기 때문이다. 그 종목 외에도 안정성과 성장성이 모두 높은 좋은 종목들을 직접 찾아서, 저평가를 받는다고 판단될 때만 매수하는 것이 가장 올바른 가치 투자 방법이다.

상장된 기업의 안정성과 성장성을 기준으로 종목을 고르고, 그 종목의 저평가된 가격을 판단하는 원칙 또한 세울 수 있다. 이걸 뒷받침할 수 있는 것이 바로 재무제표가 된다. 재무제표와 같이 기준을 세울 수 있는 정량적 수치가 있다면, 미래 유망주를 발굴하는 데 주력할 필요도 없다. 미래의 가치를 판단하는 능력은 필요하지도 않을뿐더러, 우리에게 그런 안목 또한 앞으로 생기지 않을 것이기 때문이다.

그럼 가상 자산은 가치 투자가 가능할까? 비트코인과 이더리움의 저평가는 얼마일까? 전문가라고 하는 사람들이 주장하는 비트코인의 적정 가격은 1만 달러에서 100만 달러까지 다양하다. 개인 투자자들에게 물어봐도 다양한 가격이 나온다. 이렇게 예측하는 가격의 편차가 큰 이유는, 코인은 그 가치를 판단하는 정량적 수치가 없기 때문이다. 그럼 과연 우리가 비트코인을 저평가된 시기에 사서 그 가치를 인정받을 때 팔 수 있을까? 이런 예를 드는 이유는 가상 자산은 가치를 측정할 수 있는 수단 자체가 없다는 것을 강조하고 싶기 때문이다. 블록체인 기술이 앞으로도 발전 가능성이 무궁무진하다는 데는 동의한다. 하지만 가치를 측정할 수단이 없다면 가치 투자가 불가능하다는 의미이다. 가치 투자를 하고 싶다면, 그 가치를 평가할 수 있는 수단이 있어야만 하고, 저평가되었을 때 매수할 수 있어야만 한다.

② 재무제표는 이것만 알자

나는 주식과 가상 자산 투자를 모두 하고 있다. 하지만 장기 투자는 주식만 고집한다. 주식에서만 장기 투자가 가능한 이유는 앞서 얘기한 가치 투자의 개념도 있지만, 사실 이보다 더 큰 숨겨진 이유가 있다. 바로 상장폐지다. 주식의 상장폐지뿐만 아니라, 코인이 국내 가상 자산 거래소에서 사라지는 것도 상장폐지와 크게 다를 바가 없다. 다른 해외 거래소에 남아 있다고 해도, 국내 거래소에서 사라지면 주가는 하락하기 마련이다. 그나마 주식은 재무제표라는 안전장치가 있지만 가상 자산에는 안전장치가 없다. 그래서 가상 자산에 장기 투자를 할 수 없는 것이다.

여러분은 투자를 하면서 상장폐지를 경험해 본 적이 있는가? 사실 보유 종목의 상장폐지는 절대 경험해서는 안 될 일이다. 개인 투자자가 주식에서 큰 손실을 보는 가장 큰 이유 중 하나도 바로 이 상장폐지에 있다. 사실 코스피 지수는 1980년 1월 1일에 100으로 시작하여, 현재 2,500선에 위치해 있다. 이 말은 코스피에 있는 종목에 투자했다면 25배에 달하는 수익을 내는 것이 평균이라는 뜻이다(물가 상승률과 큰 차이는 없다). 이렇게 끊임없이 지수가 상승했음에도 깡통을 차는 개인 투자자가 많은 이유는 무엇일까?

그 비밀은 상장폐지에 있다. 우리나라 주식시장의 상장폐지율은 10년간 15%이며, 가상 자산 시장은 국내 원화 마켓 기준으로 5년간 50%에 달한다. 주식시장의 경우 상장폐지가 되어도 지수는 변하지 않는다(상장폐지 시 지수에 영향을 주지 않도록 이전부터 지수에 없던 종목으로 계산한다). 지수의 지속적인 상승에도 투자자의 손실이 큰 이유 중 하나가 상장폐지에 있는 것이다. 단순히 상장폐지율만 보면 10년 동안 10개의 주식을 장기 보유한다면 1개 이상의 종목은 상장폐지를 당하고, 코인의 경우 5년간 내가 가진 10개의 코인 중 5

개의 종목의 상장폐지를 경험하게 될 것이다. 코인은 상장폐지 사유도 불분명하고 5년 뒤면 10개 중 5개 종목이 사라지니, 장기 투자는 불가능할 수밖에 없다. 실제로 주식 투자자 중 상장폐지를 경험한 사람은 50%가 넘는다.

그래도 주식에는 재무제표라는 안전장치가 있다. 재무제표만 보고 무조건 좋은 종목을 고를 수 있다는 의미는 아니다. 하지만 재무제표로 망하지 않는 기업은 쉽게 구별할 수 있다.

주요 상장폐지 사유
- 최근 4사업연도 연속 영업 손실(코스닥)
- 자기자본 50% 이상 잠식
- 매출액 50억 원 미만(코스닥 30억 원)

물론 이런 이유로 당장 상장폐지가 되는 것은 아니다(이 밖에도 추가 사유가 존재한다). 먼저 관리 종목에 편입되고, 같은 조건이 1년이 더 지속되면 상장폐지가 된다. 사실 이런 내용을 꼭 외워 가며 상장폐지 가능성이 있는지 없는지 확인할 필요는 없다. 이런 상장폐지 사유 조건은 이 기업이 미래에도 이익을 내기 어렵다고 확신하는 기준으로 만든 것이기 때문에, 단순하게 문제가 있는 기업을 사지 않으면 된다. 나는 종목을 선택할 때 재무제표만 보지는 않는다.

하지만 재무제표가 문제가 있는 기업은 애초에 매수 고려 대상에서 제외한다. 그리고 내가 재무제표에서 가장 중요하게 보는 것이 있다.

"매출과 영업 이익이 지속적으로 증가하는가."

기업의 매출과 영업 이익이 지속적으로 증가한다면, 상장폐지 사유인 연속 영업 손실은 있을 수도 없거니와, 당연히 자기자본 잠식도 불가능하다. 그리고 매출액 또한 기준치에 미달할 이유가 없다. 상장폐지 사유를 떠나서라도, 매출과 영업 이익이 성장하는 기업은 부채에 시달릴 리도 없으며, 현금 유동성 또한 풍부할 수밖에 없다. 굳이 기업에서 발표하는 투자, 연구 개발, 사업 확장 등에 관심을 가질 필요도 없다. 돈을 버는 기업이 연구 개발이나 사업 확장에 더 유리할 수밖에 없기 때문이다. 그런 기업 안에서 선택해도 고를 수 있는 종목은 충분히 많다. 재무제표를 통해 이런 몇 가지의 필요 조건을 적용하여 분류한 후에 그 안에서 추가 원칙을 통해 매수한다면 리스크 관리와 확률적 우위를 동시에 가져갈 수 있다. 당연히 상장폐지가 될 가능성이 있는 종목은 고를 리가 없다. 재무제표를 더 공부해 보는 것은 분명히 투자에 도움이 되고 추천한다. 이렇게 단순하고 쉬운 재무제표의 원칙 하나만으로도 투자의 결과는 완전히 달라질 수 있다.

③ 당신의 선택은 월봉, 주봉, 일봉, 시간봉?

기술적인 분석에 대해 교육을 하면서 가장 많이 받는 질문 중 하나가 어떤 타임 프레임의 차트를 보아야 하는가에 대한 내용이다. 차트를 보고 기술적 분석을 해야 하는데, 어떤 타임 프레임을 보는가에 따라서 기술적 분석의 시각은 완전히 달라진다. 일봉 차트를 확인했을 경우 매우 좋은 차트이나 월봉으로 보면 안 좋을 수 있다. 아니면 1시간봉 차트는 매우 좋으나, 일봉으로는 매우 안 좋을 수 있다. 기술적 분석으로 봤을 때 월봉, 주봉, 일봉, 시간봉이 다 좋은 경우는 거의 없다.

"그럼 어떤 타임 프레임을 선택해야 할까?"

이 답은 여러분의 투자 성향에 따라 결정해야만 한다. 사람들은 대부분 자신의 투자 또는 트레이딩 주기가 정해져 있다. 어떤 투자자는 아침에 사서 오후 종가에 파는 사람이 있고, 종목을 사면, 한 달씩 가져가는 투자자도 있다. 또 매수하면, 1년 이상 상기 보유하는 두자자도 있을 것이다. 이 기간은 투자 방식이나 리스크의 크기에 따라 다 다를 것이다. 그렇다면, 자신에 맞는 타임 프레임을 선택해야만 한다. 예를 들어 하루에 사고파는 데이 트레이더의 경우 일봉을 보고 차트 분석을 할 필요가 없다. 일봉의 차트 분석에 대한 확률적 우위가 바로 다음 캔들인 익일에 나타나지 않기 때문이다. 반대로 1시간봉의 차트 분석을 통해 매수를 했다면, 며칠씩 들고 있는 것은 적절하지 않다. 1시간봉 차트가 좋았던 결괏값이 며칠씩이나 걸려 나오지 않기 때문이다. 하지만 개인 투자자들을 보면 자신의 매매 주기와 분석하는 차트의 타임 프레임이 일치하지 않는 경우가 많다. 어떤 투자자는 종목을 일주일도 보유하지 못하면서, 주봉 차트를 보고 있으며, 또 어떤 투자자들은 1년째 손실을 보고 있는 종목을 가지고 일봉 차트를 보며 분석한다.

타임 프레임의 기준을 세우는 것은 간단하다. 캔들 15개의 기간을 결괏값의 기준으로 타임 프레임을 선택하는 것이다. 이 말은 15개의 캔들 전후로 목표하는 결괏값이 나오거나 아니면 손절 가격에 다다르는 매매를 해야 한다는 것이다. 예를 들면 주식에서 평균적으로 2~4주 동안 종목을 보유하는 투자를 한다고 가정한다면, 일봉을 보면 적당한 기술적 분석을 할 수 있다. 일봉을 기준으로 15개의 캔들이 15일(3주)이라는 시간이 소요되기 때문이다. 만약 내가 하루에 사고파는 사람이라면, 30분봉이 적절할 수 있다. 30분봉의 15개 캔들은 450분이므로 결괏값까지 7시간 30분이라는 기간이 소요되는 것이다. 이런 기준은 기술적 분석의 적절한 타임 프레임을 정하는 데 도움을 줄 것이다. 하루에 사고파는 사람은 일봉을 볼 필요가 없다. 1분봉을 생각해 보라. 1분봉이 좋아 보인다고 다음 1분 안에 가격이 상승한다고 생각할 수는 없지 않은가.

그리고 나는 기술적 분석 투자자들에게 주봉과 월봉은 볼 필요가 없다고 말한다. 주봉 캔들이 15개면 4달에 가깝고, 월봉이 15개면 1년 3개월이다. 개인 투자자가 기술적 분석의 근거를 가지고 몇 달 아니면 1년 이상을 보유하기는 어렵다. 그 기간 동안 발생하는 많은 이슈와 차트의 움직임들이 그 종목을 보유할 수 없게 만들 것이다.

하지만 가치 투자자라면, 주봉과 월봉을 보고, 좋은 진입 시기를 결정하는 데 도움을 받을 수 있으므로 긴 타임 프레임을 참고해도 좋다. 일반적으로 타임 프레임이 길수록 신뢰도가 높은 것은 사실이다. 타임 프레임이 작을수록 특정 개인의 작은 매수와 매도만으로도 기술적 분석에 많은 노이즈가 발생할 수 있기 때문이다. 그래서 3분, 5분 등의 짧은 타임 프레임으로 기술적 분석을 하는 것은 추천하지 않는다. 그렇다고 해서 자신의 매매 주기와 상관없이 무조건 긴 타임 프레임을 선호하는 것은 좋지 않다. 지금이라도 자신의 평균 매매 주기를 확인하고, 여러분에게 적당한 타임 프레임을 정하기를 바란다.

④ 캔들의 올바른 이해

차트에서 가장 기본 중의 기본이 캔들이라는 건 다 알고 있을 것이다. 차트는 캔들로 이루어져 있고, 거래량 외의 대부분의 보조 지표는 결국 이 캔들을 이용해 각각 다르게 계산한 부산물일 뿐이다. 그렇게 차트의 기본이 되는 것이 캔들이다 보니, 캔들을 이용한 수많은 매매법이 존재한다. 사실 캔들로 수익이 나는 확실한 원칙이 있다면, 투자가 너무 쉬울 것이다. 그래서 나 또한 투자 초기부터 수많은 캔들 매매법을 백테스트해 왔다. 하지만 유의미한 결과를 얻은 캔들 매매법을 찾지 못했다. 그 이유는 캔들 매매법 자체가 단 몇 개의 캔들로 정의를 내려야 하기 때문이다. 대부분의 캔들 매매법은 그 캔들들의 이전 차트 흐름을 고려하지 않아, 어떤 상황에서 그 캔들들이 나왔느냐에 따라서 결괏값이 달라진다. 그래서 캔들은 매매법적인 측면에서 접근하기보다 차트를 분석하고 이해하는 데에 있어, 기본적인 도구로 접근하는 것이 좋다.

캔들의 종류는 크게 3가지로 분류할 수 있다. 꼬리가 긴 캔들, 장대 캔들, 그리고 그 외 캔들이다.

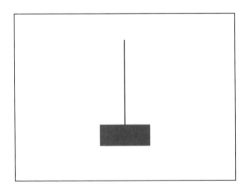

· 윗꼬리 캔들의 일봉

일반적으로 이렇게 꼬리가 긴 캔들은 가격이 상승했다가 제자리로 돌아온 경우를 의미한다. 그렇다면 어떻게 해석하면 될까? 만약 저 캔들이 일봉이라면 4시간봉으로 바꾸면 이와 비슷한 캔들의 움직임으로 바뀐다.

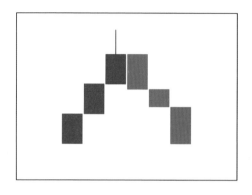

· 윗꼬리 캔들의 4시간봉

하나의 캔들로 볼 때랑 여러 개의 캔들로 볼 때랑 느낌이 다른가? 사실 두 개는 같은 움직임이다. 이렇게 시간봉을 바꾸게 되면 고점을 찍고 내려온 안 좋은 캔들로 보는 것이 당연하다.

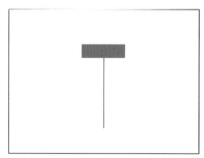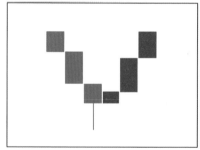

· 아랫꼬리 캔들의 일봉과 4시간봉

당연히 아랫꼬리가 긴 캔들은 위에서 보는 바와 같이 좋은 캔들로 생각하는 것이 일반적이다. 이 캔들이 양봉이냐 음봉이냐는 중요하지 않다. 작은 몸통은 종가의 미세한 움직임에 따라 달라질 뿐이기 때문에, 캔들의 가격 흐름에는 변화가 없다. 그러므로 간단하게 생각할 때 최근에 긴 윗꼬리 캔들이 있었다면 주의가 필요하고, 긴 아랫꼬리 캔들이 있었다면, 매수를 고려할 수 있는 차트가 된다. 물론 캔들 하나로 결정지을 수는 없겠지만 원칙을 만드는 조건 중 하나로 사용할 수 있다.

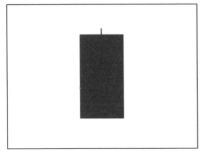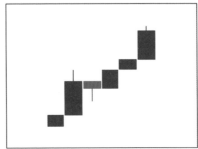

· 장대양봉 캔들의 일봉과 4시간봉

다음에는 장대 캔들을 보자. 장대 캔들도 똑같이 해석하면 된다. 위와 같은 장대양봉에서 일봉을 4시간봉으로 바꾸면 상승 추세 지속이다. 만약 양봉이라면 당연히 좋은 캔들이고, 음봉이라면 안 좋은 캔들로 해석할 수 있다. 꼬리가 작게 있다고 해도 저런 상승 추세 움직임에 크게 영향을 주지 않기 때문에 상관없다. 이렇게 장대 캔들 하나가 나왔다고 해서, 매수와 매도를 결정하긴 어렵겠지만, 만약 여러분이 매수를 고려하고 있는 종목에 저런 장대양봉이 나왔다면, 진입 시기로 판단할 수도 있다. 그리고 홀딩하고 있는 종목에 장대음봉이 나온다면, 매도의 시기로 고려해 볼 수 있다. 하나의 캔들이지만 지속적인 추세 흐름을 나타내는 장대 캔들은 추세의 시작을 알리는 신호가 될 수 있다.

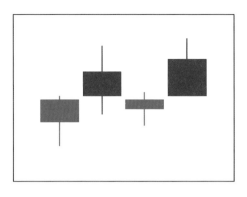

· 그 외 여러 가지 캔들

이제 나머지는 그 외의 캔들이다. 대략적으로 이런 모습들의 캔들이 될 것이다. 이 캔들은 고점을 찍고 어느 정도 조정을 받은 차트의 모양이거나 하락 이후 반등한 경우일 것이다. 이런 캔들은 어떤 해석을 할 수 있을까? 사실 내 대답은 "모른다."이다. 이런 차트의 움직임은 조정인 경우도 있고 추세 전환이 발생하는 경우도 있다. 굳이 이런 애매한 캔들을 모두 해석할 필요가 없다. 조금 더 확률 높은 캔들에서 의사 결정을 하는 것이 합리적이기 때문이나. 그래서 이런 나머지 캔들에는 큰 의미를 부여히지 않는다. 투자자는 차트의 흐름을 다 이해하는 것이 목적이 아니다. 확률 높은 자리를 기다렸다가 투자를 하는 것이 목적이기 때문에, 애매한 움직임의 캔들은 신경 쓸 필요가 없다. 그리고 중요한 것은, 캔들이 마감한 이후에 판단해야만 한다. 캔들이 진행 중이라면, 장대양봉 캔들도 얼마든지 윗꼬리 캔들로 바뀔 수 있기 때문이다. 이렇게 간단하게 캔들을 규정하는 것만으로도 차트에 대한 이해도와 매매 원칙에 도움을 줄 수 있다.

⑤ 거래량 쉽게 알기

우리가 차트를 볼 때 직관적으로 나오는 것이 두 개가 있다. 하나는 앞서 얘기한 캔들이고, 두 번째가 거래량이다. 거래량은 캔들과는 다른 독립적인 데이터이다. 이렇게 차트에서 캔들 다음으로 많은 비중을 차지하는 거래량을 중요하게 생각하지 않는 사람들이 많다. 아니면 중요하다고 생각하지만, 어려워서 포기하는 경우도 있다. 여기서는 거래량에서 가장 쉽고 중요한 것만 짚고 넘어가겠다.

"거래량이 터졌다."

일반적으로 거래량이 많이 나오면, 투자자들은 거래량이 터졌다고 말한다. 상승 중에 거래량이 터졌다며, 가격이 올라갈 것이라 좋아한다. 정말 그럴까? 거래량이 터졌다는 것은 무엇을 의미할까? 양봉에 거래량이 터지면 좋고, 음봉에 거래량이 터지면 안 좋은 것일까? 절대 그렇지 않다. 거래량을 이해하기 위해서는 캔들과 거래량의 관계를 생각해야만 한다. 거래량은 유동성에 비례한다. 시장의 유동성이 활발하면 거래량이 많아지고, 유동성이 줄어들면 거래량이 줄어든다. 캔들에서 유동성은 이동 거리이다. 캔들의 이동 거리가 크면, 거래량이 많이 나오는 것이고, 캔들의 이동 거리가 적으면 거래량은 적게 나오는 것이다.

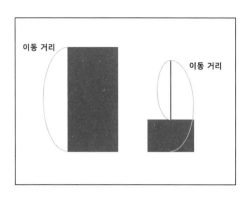

여기서 캔들의 크기가 아닌 이동 거리라고 표현하는 이유는 위와 같은 경우 캔들의 크기가 왼쪽이 더 크지만 이동 거리는 오른쪽이 더 길기 때문이다. 그렇다면 두 캔들 중 오른쪽 캔들에 거래량이 더 많이 나오는 것이 정상이다. 이렇게 거래량은 이동 거리와 더 연관이 깊다. 그렇다면 거래량이 터졌다고 할 때, 캔들의 이동 거리가 길었다면, 그것은 너무나 당연한 결과이며 아무런 의미가 없다. 하지만 이렇게 말한다면 다르다.

"캔들에 비해 거래량이 터졌다."

이렇게 상대적으로 비교하면 의미가 생긴다.

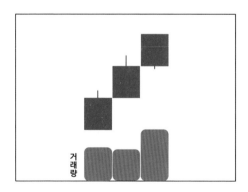

위 그림으로 보면 같은 비슷한 장대양봉이지만, 마지막 장대양봉에서만 거래량이 더 많이 나왔다. 캔들의 이동 거리에 비례한다고 했는데 확연한 차이를 보이는 것은 왜일까? 주가가 10,000인 종목이 11,000원이 되기 위해서는 얼마큼의 거래량이 필요할까? 먼저 10,000원에서 11,000원 사이에 호가 창에 쌓여 있는 매도 잔량을 다 소화해야 할 것이다. 그리고 두 번째는 10,000원에서 11,000원으로 이동하는 사이에 시장가로 판매되는 매도 물량을 소화해야만 11,000원에 도착할 수 있다. 그럼 11,000원에서 12,000원으로 가기 위해서도 똑같은 과정을 반복할 것이다. 그런데 11,000원에서 12,000원까지 거래량이 더 많이 나오기 위해서는, 호가 창에 있는 매도 물량이 많거나 이동하는 사이에 시장가로 판매되는 매도 물량이 월등히 많아야만 한다. 이렇게 이동 거리가 같을 때도 거래량의 차이가 발생하는 이유는 누군가가 많은 양을 매도하고 있음을 의미한다. 이렇게 집중적인 매도가 발생하려면 자금을 많이 가진 세력일 가능성이 크다. 그렇기 때문에 캔들에 비해 거래량이 터졌다면, 상승 추세에서는 오히려 하락할 가능성이, 하락 추세에서는 상승할 가능성이 더 크다.

만약 누가 거래량이 터졌다고 말한다면, 이전 캔들과 거래량을 비교했는지 물어보아라. 그게 아니라면, 그 거래량이 터진 것은 아무 의미가 없다. 그리고 시장의 변동성이 적거나, 거래량의 편차가 크지 않은 경우에는 캔들 하나하나의 거래량에 의미를 둘 필요는 없다. 때로는 정보로 인해 개인의 매수나 매도 심리가 쏠리거나, 특정 지지와 저항선에서 거래량 차이를 보일 수는 있다. 하지만 개인 투자자가 만드는 차이에는 한계가 있다. 큰 편차로 거래량의 차이가 발생한다면, 매수와 매도를 고려해 보는 것도 하나의 매매 전략이 될 수 있다.

⑥ 누적 거래량으로 판단하기

앞서 캔들에 속한 단일 거래량으로 판단하는 것을 알아보았다. 그것 외에 가장 유용한 거래량 활용 방법은 누적 거래량으로 분석하는 것이다. 여기서 말하는 누적 거래량은 특정 기간 동안 매수 거래량이 많았는지, 매도 거래량이 많았는지 판단하는 것이다. 상승하는 기간이라면 매수 거래량이 많았을 것이고, 하락하는 기간이라면 당연히 매도 거래량이 많았을 것이다.

우리가 주목해야 할 것은 박스권, 즉 횡보장에서 매수와 매도 중 어느 쪽이 많았느냐는 것이다. 박스권 차트는 결국 매수와 매도가 보합을 이뤄 만들어 낸 차트인데, 이런 차트에서 매수 거래량이 많았다는 것은, 큰 자금들이 가격을 크게 벗어나지 않는 범위에서 매수하고 있을 가능성이 크다. 이런 박스권을 매집 구간이라고 부른다. 그리고 이런 매집 구간을 대략적으로 판단할 수 있는 지표가 있다. 바로 On Balance Volume(OBV, 온밸런스볼륨)과 Accumulation/Distribution(누적/분포)이다.

일단 이 지표들의 원리부터 알아보자. OBV는 단순하게 양봉의 거래량은 더하고, 음봉의 거래량은 빼며 누적되는 수치를 표기하는 지표이다. 이 지표는 양봉의 거래량은 매수 거래량, 음봉의 거래량은 매도 거래량으로 판단하는 것이라 볼 수 있다. 그래서 박스권에서 이 OBV 라인이 상승한다면, 매수 거래량이 많다고 판단하는 것이다. 그것은 장기적으로 자금이 유입되고 있음을 의미한다. 일반적으로 매집 구간이라고 판단하는 중요한 요소가 된다. 하지만 이 지표에는 치명적인 약점이 하나 있다. 바로 캔들에서 배웠던 윗꼬리 캔들의 경우이다.

윗꼬리 캔들의 경우 안 좋은 캔들이라고 배웠다. 하지만 OBV에서는 윗꼬리가 길지만, 양봉으로 마감한다면, 그 거래량은 매수 거래량으로 해석한다. 물론 많은 기간의 누적 거래량을 분석할 경우, 몇몇 캔들에서 발생하는 이런 문제가 큰 영향을 미치지는 않겠지만, 꼬리가 많은 캔들 차트의 경우는 해석이 잘못될 소지가 있다. 그래서 이것을 보완하려고 나온 것이 누적/분포(증권사나 플랫폼에 따라 Accumulation/Distribution, A/D Line, 누적/확산 등으로 표기된다) 지표이다. 이 지표는 OBV에는 포함되지 않았던 종가값을 포함한다. 저가와 고가 사이에 있는 종가의 위치에 따라, 거래량을 더하고 빼는 것이다. 캔들이 음봉이어도 저가에서 많이 상승했다면 거래량이 더해질 수 있고, 캔들이 양봉이어도 고가에서 많이 하락했다면 그 비율에 따라 거래량을 빼는 형식이다. 원리가 어렵다면, 일반적으로 꼬리가 긴 캔들이 많은 차트에서 누적/분포가 더 신뢰도가 높다는 것만 기억하자.

나 같은 경우 가상 자산 시장은 꼬리가 긴 캔들이 많기 때문에 누적/분포 지표를 위주로 보고, 주식시장은 꼬리가 긴 캔들이 많은 차트도 있고, 아닌 차트들도 있기 때문에 OBV와 누적/분포를 동시에 띄워 놓는다. 두 가지 모두 매수 조건에 해당될 때, 매수하는 것이 확률을 높이는 방법이기 때문이다.

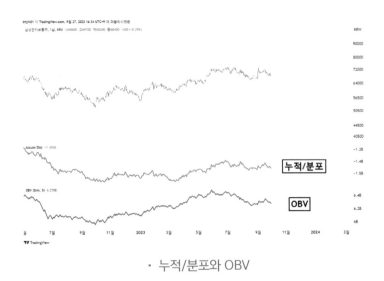

· 누적/분포와 OBV

이 지표들을 활용하는 매매 방법은 간단하다.

첫 번째, 박스권에 머무르는 차트를 찾는다.
두 번째, 박스권에서 누적 거래량 지표들이 상승하는지 체크한다.
세 번째, 첫 번째와 두 번째 조건을 만족한다면, 박스권을 돌파할 때 매수한다.

첫 번째, 두 번째 원리는 앞서 설명했지만, 세 번째 매수 타이밍이 매우 중요하다. 박스권이기 때문에, 매집 구간일 가능성이 크지만 언제 이 매수가 끝나고 상승할지는 알 수 없다. 첫 번째와 두 번째 조건을 만족하던 차트가 2년 후에 상승하는 경우도 본 적이 있다. 단순히 첫 번째, 두 번째 조건을 만족한다고 무작정 매수한다면, 그 결과가 언제 나올지 알 수 없다. 또한 이것이 확률적으로 유리한 전략이지 무조건 오른다는 의미가 아니기 때문에, 박스권을 하락 이탈한다면, 큰 손실을 만들 수도 있다. 그래서 첫 번째, 두 번째 조건을 만족하는 차트를 찾아, 관심 종목으로 추가한 이후에 박스권을 상승 이탈할 때 매수한다면 확률적으로 좋은 매수 타이밍을 가져갈 수 있다.

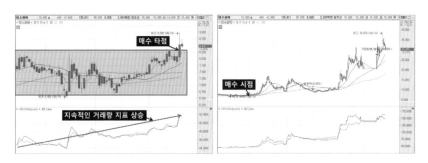

· 이수화학의 누적 거래량 매수 예시

위의 이수화학 차트를 보면 누적 거래량이 박스권에서 상승하고 있었고,

박스권 돌파 시 매수했다면, 최고 수익률은 300% 이상 가능했다. 이런 방식으로 누적 거래량 지표를 이용할 수 있다. 만약 돌파한 이후 다시 박스권으로 들어온다면, 손절 이후 또다시 박스권을 상승 이탈할 때, 매수하면 된다. 잦은 손절이 발생하더라도, 계속 지켜보고 시도해야 한다. 박스권의 매집 구간이 길어진다는 것은 그만큼 많은 양을 매수했다는 것이고, 상승했을 때 상승 폭이 더 클 수 있기 때문이다. 이처럼 누적/분포와 OBV를 활용하면 매집 구간과 매수 시점을 찾는 데 큰 도움이 된다.

⑦ 시스템 트레이딩을 하라

시스템 트레이딩이라고 하면, 생소하게 느껴지거나 어려운 것이라고 생각하는 경우가 많다. 하지만 '시스템'이라는 단어는 어려운 말이 아니다. 만약 신발 공장에서 자동으로 신발을 만드는 시스템이 있다고 가정해 보자. 신발을 만들기 위해서는 소재를 정한 후에, 정해진 디자인에 맞춰 소재를 절단한다. 그리고 상부와 하부를 조립하고, 봉제하는 작업에 들어간다. 그리고 추가로 자수나 광택을 추가하고, 만들어진 신발의 품질을 검사한 후 출하한다. 이게 바로 신발을 만드는 시스템이다. 이렇게 공장에서 신발을 만드는 시스템처럼 트레이딩을 하는 것이다. 사실 투자에서 시스템은 매우 간단하다. 미리 정해 놓은 시장에서 매수할 종목을 선정한다. 그 종목을 정해진 원칙이 발생할 때 매수한다. 다음에는 손절 가격 또는 목표 가격을 정하고, 그 가격에 도달했을 때 매도한다. 이것이 트레이딩에서 하는 시스템이다. 중요한 것은 신발 제작 시스템이든 트레이딩 시스템이든, 그 과정이 철저하게 지켜진다는 것이다.

증권사 HTS에 따라 다르지만, 키움을 예로 들면, 시스템 트레이딩이라는 메뉴가 존재하며 그 메뉴를 이용하여 좀 복잡한 시스템도 만들 수 있다. 물론 약간의 코딩 능력이 필요하다. 하지만 요즘은 Open AI를 통해 코딩의 도움을 받을 수 있어, 어느 정도 컴퓨터와 가까운 사람이라면 충분히 자신의 종목 선정 원칙과 매수, 매도의 원칙을 만들어 시스템 트레이딩을 프로그래밍하여 사용할 수 있다.

또한 트레이딩뷰 사이트를 이용해서도 시스템 트레이딩을 실행할 수 있다. 트레이딩뷰에는 많은 매수와 매도 전략이 존재한다. 볼린저밴드 매매 전략이나, 이평선 매매 전략, 일목균형표 매매 전략 등 여러분이 아는 많은 지표를 활용한 매매 전략이 존재한다(사실 우리가 알고 있는 일반 매매 전략들 중 수익이 나는 전략은 거의 없다). 그리고 개인 투자자들이 원칙을 만들어 공유할 수도 있기 때문에, 기타 수천 개의 전략이 존재한다. 그것들을 살펴보면, 과거를 지나오면서 수익이 나는 전략이었는지 확인해 볼 수 있다. 모든 전략을 확인하는 데 한 달 정도의 시간만 투자해도 다 확인할 수 있다.

그 전략 중 수익이 나는 전략을 이용하여 스마트폰으로 알람을 받게 설정한다면, 우리는 그 알람에 따라 매수와 매도를 진행하면 된다. 특정 종목의 매수 알람이 뜨면 매수하고, 특정 종목의 매도 알람이 뜨면 매도하는 시스템이다.

이렇게 HTS나 기존 전략들의 도움을 받아 투자한다면, 일반 개인 투자자가 직접 매매하는 것보다 좋은 결과가 나올 수 있다. 대부분의 개인 투자자가 하는 것처럼 지표나 전략을 참고하는 것이 아니라, 아까 신발 공정 과정과 같이 시스템에 따라 그대로 실행하는 것이 핵심이다. 또한 하나의 전략을 사용하기보다, 과거 수익이 났던 여러 가지 전략(시간 프레임을 다르게 해서 여러 전략을 사용하는 게 좋다)을 사용해 지속적으로 투자한다면, 수익을 얻을 가능성이 굉장히 커진다.

원칙을 지키지 못해서 손실을 보는 경우가 많은 투자자라면, 오히려 이런 시스템 트레이딩이 더 적합할 수 있다. 시스템을 잘 설정한다면, 리스크도 줄일 수 있고, 감정에 따른 잘못된 투자도 제어할 수 있다. 하지만 여기서 주의할 점은 여러분이 직접 시스템을 찾거나 만들어서 전략을 짜야만 한다는 것이다. 이것이 어렵다면, 시스템 트레이딩을 해서는 안 된다. 나는 예체능 출신이며, 코딩과 관련한 지식은 전혀 없다. 하지만 혼자 공부하고 연구하여, 주식 HTS나 트레이딩뷰(tradingview.com)를 이용한 시스템 트레이딩을 할 수 있게 되었다. 요즘은 Open AI를 이용한다면 어렵지 않으니, 여러분도 도전해 보길 바란다. 꼭 프로그램을 이용하지 않더라도, 자신만의 원칙을 만들어 그 원칙을 항상 그대로 유지하며 실행하는 것도 넓은 의미에서 시스템 트레이딩이라 할 수 있으니, 그렇게 해도 좋다. 중요한 것은 시스템 트레이딩이 올바른 선택이라는 것이다.

　이런 사실을 깨달았다고 해서, 남들이 만들어 놓은 자동 매매 시스템을 고가에 사는 경우가 있다. 절대 자동 매매 시스템을 사서는 안 된다. 엄청난 수익률이 나는 자동 매매 시스템이라면, 누구나 짧은 시간 내에 벼락부자가 될 수 있을 것이다. 그런 시스템을 절대 남에게 팔 리가 없다. 또한 그렇게 판매되는 지표의 경우 과최적화를 통해 눈속임을 하는 경우도 허다하다. 나 또한 내가 사용하는 시스템들 중 몇 개는 유튜브를 통해 공개했지만, 공개하지 않은 시스템이 훨씬 더 많다. 시스템 트레이딩을 하려면 본인이 노력하여 시스템을 찾거나, 스스로 시스템을 만들어야만 한다. 절대 그런 시간들을 아까워하지 마라. 그 정도 노력을 할 자신도 없다면, 투자시장을 떠나는 게 맞다.

⑧ 시나리오 매매와 돌파 매매

투자에서 기술적으로 분류할 때 가장 큰 카테고리로 나누면 시나리오 매매와 돌파 매매, 이 두 가지가 있다. 시나리오 매매란, 주가가 앞으로 어떤 방향으로 갈 것이라고 먼저 예상 시나리오를 그려 놓고, 예상 시나리오 내에서 매매하는 전략을 말한다. 돌파 매매는 가격을 특정하여, 그 가격을 상승 돌파할 때 매수하거나 하락 돌파할 때 매도하는 전략을 말한다.

시나리오 매매의 예를 들면, 특정 종목의 현재 주가가 10,000원이라고 가정할 때, 이 종목이 약 8,000원까지 하락했다가 상승할 것이라고 미리 시나리오를 그려 놓는 것이다. 그렇게 8,000원까지 기다렸다 매수하여, 16,000원에 매도했다고 가정해 보자. 그렇다면 여기서는 100%의 수익을 얻을 수 있다. 이처럼 시나리오만 맞춘다면 수익은 극대화된다. 그렇기에 대부분의 개인 투자자는 시나리오를 예상하고 맞추기 위해 많은 시간을 소비한다.

돌파 매매 방식으로 투자한다면 어떻게 될까? 위와 같이 현재 주가가 10,000원인 종목을 12,000원으로 특정하여, 그 가격을 돌파할 때 매수하는 방식이다(돌파 매매는 일반적으로 가격이 올라갈 때 매수하고, 내려갈 때 매도한다). 만약 이런 방식으로 앞의 시나리오 매매와 똑같은 16,000원에 매도한다면, 수익률은 약 33% 정도를 얻게 된다. 앞의 시나리오 매매의 수익률에 비해 1/3에 불과하다. 그렇기 때문에 대부분의 개인 투자자는 시나리오 매매를 선호한다. 하지만 이것은 수익에만 집착하여 오류를 범하는 것이다.

시나리오 매매에는 치명적인 단점이 있다. 모든 투자자는 주가의 시나리오를 가정할 때 정확하게 맞출 거라고 아무도 생각하지 않는다. 우리가 족집게 도사가 아닌 이상, 어느 정도의 오차는 허용할 수밖에 없다. 앞의 예시와 같이 저점 8,000원을 예상은 했지만, 8,500원에서 올라갈 가능성도 염두에 두어야 한다. 그래서 이런 형태의 매매는 분할 매수가 필수적으로 따라붙는다. 끝까지 8,000원을 기다렸지만, 8,100원에서 가격이 올라 버린다면, 시나리오를 예상하고도 작은 차이로 돈을 벌지 못하는 난감한 상황이 발생하기 때문이다. 그래서 이런 시나리오 매매는 적당한 가격 구간을 두고 분할 매수를 하는 것이 일반적이다.

그러면 이 오차를 어디까지 허용할지에 대한 고민을 다시 한번 해야만 한다. 예를 들어, 시나리오상 저가가 8,000원인 경우, 7,000원에서 9,000원까지 분할 매수를 할 수 있다. 이렇게 동일한 비중과 간격으로 매수 주문을 걸어 두었다고 가정했을 때, 7,000원까지 도착하지 않고 8,000원에서 상승한다면, 50%밖에 매수를 하지 못했기 때문에 수익률은 기존 100%에서 50%로 떨어진다. 8,000원 위에서 상승한다면, 수익률은 더 낮아질 것이다. 결국 7,000원까지 하락한 후 올라야만 온전한 100%의 수익을 가져갈 수 있다. 하지만 만약 6,000원까지 떨어진다면 어떻게 할 것인가? 손절할 것인가? 아니면 이 정도의 범위도 허용할 것인가? 굉장히 어려운 문제다. 이미 내가 예상한 시나리오 자체가 오차 범위를 허용하는 방식이기 때문에, 얼마가 되었을 때 내 시나리오가 틀렸다고 정의할 것인가에 대한 결정이 필요하게 된다. 하지만 위처럼 분할 매수 이후에 6,000원이 되었다면 평균 매수 가격이 8,000원이기 때문에 이미 손실이 -25%다. 천만 원을 투자했다면 250만 원의 손실이다. 여기서 여러분은 시나리오가 틀렸다고 결정하고 손절할 수 있을까? 6,000원까지 기다렸다면, 5,000원까지도 오차 범위에 포함시켜도 되지 않을까 하는 유혹이 발생하기 시작할 것이다. 과연 예측 시나리오의 신뢰를 바탕으로 포지션을 홀딩하거나 손절을 이어 나갈 수 있을까? 실제로 시나리오대로 온전하게 100%의 수익을 가져갈 가능성은 현저히 낮고, 큰 손실을 입거나 손절도 못 한 채 장기간 종목을 보유하게 되는 경우가 허다하다.

하지만 앞서 예와 같이 12,000원에 돌파 매매를 한다면, 전혀 다른 결과가 나온다. 12,000원이라는 특정한 가격이 존재하므로, 만약 12,000원을 돌파한 이후 16,000원에 도달하지 못하고, 다시 12,000원 아래로 떨어진다면 손절하면 된다. 애초에 매수한 이유 자체가 12,000원을 돌파해서이기 때문에, 12,000원 아래로 떨어진다면, 종목을 계속 보유할 이유 자체가 없다. 이 돌파 매매의 경우 수익은 33%로 고정되지만, 손절을 한다고 해도 손실 금액은 수수료 정도로 매우 적다.

이렇게 두 개의 매매 과정을 비교했을 때 어떤 매매 방식이 유리한가? 선택은 여러분의 몫이다. 만약 돌파 매매를 선택했다면, 기술적 분석의 접근 방식이 달라진다. 어디가 저점인지가 아니라, 어디를 돌파하면 상승을 이어 갈 수 있을까 고민하게 된다. 저점과 고점을 맞추는 것보다 상승세와 하락세를 이어 갈 가능성이 큰 가격을 찾는 것이 항상 더 쉬울 수밖에 없다.

⑨ 종목을 매수하는 3가지 조건

여러분은 종목을 매수하는 조건이 어떻게 되는가? 미디어에서 전문가가 추천하는 종목인가, 아니면 친한 친구가 알려 준 종목인가? 그것도 아니면 오늘 갑자기 상승하는 종목인가? 갑자기 거래량이 터진 종목인가? 물론 모든 투자자가 아무 생각 없이 매수하지는 않을 것이다. 하지만 자신만의 정확한 조건을 가지고 투자하는 사람은 드물다. 나는 매수하는 조건이 명확하다. 그 조건 3가지는 다음과 같다.

첫 번째는 종목의 순위를 정하는 것이다. 국내 코스피, 코스닥 시장에서 상장 종목은 2천6백 개가 넘는다. 그중 우리가 한 종목을 매수하려고 하면, 당연히 가장 상승할 확률이 높은 종목을 매수해야만 한다. 그 상승할 종목은 어떻게 찾을까? 순위를 정하면 된다. 2천6백 개 중 가장 상승할 확률이 높은 종목 1등부터 2천6백 등까지 순위를 매겨 가장 상위에 있는 종목을 사면 된다. 사실 객관적으로 이보다 더 좋은 방법은 없다. 그럼 우리가 여기서 알아야 할 것은 무엇일까? 순위를 정할 수 있는 기준이 있으면 된다. 이 순위를 차트로 판단할 수 있거나, 재무제표로 판단할 수 있는 능력만 갖추면 된다. 그렇다면, 2천6백 개를 다 보면서 순위를 정해야 할까? 물론 시간이 많은 개인 투자자들은 도전해 볼 만하지만, 직장인이라면 쉽지만은 않다(가상 자산 같은 경우는 국내 원화 마켓 기준으로 200~300개에 불과하기 때문에 모든 코인의 순위를 정하는 것도 가능하다). 2천6백 개를 다 보지는 못하더라도, 섹터 또는 HTS 조건 검색기로 선별한 100여 개의 종목만으로 순위를 정해도 된다. 물론 그 순위가 정확할 리도 없고, 맞출 수도 없다. 하지만 확률적 근거를 가지고 순위를 정했다면, 적어도 상위권에 있는 종목이 하위권에 있는 종목보다는 상승 확률이 조금이라도 더 높을 것이다. 그럼 그렇게 순위를 정했다면, 이제는 그 종목을 사도 될까? 아직 두 가지 조건이 남았다.

두 번째는 100여 개의 종목 중 1~10위의 상위 종목들 중에서 매수한다고 가정할 때, 이제는 언제 살지 판단해야 한다. 우리가 애초에 고른 기준은 상승 확률이 높은 기준이지, 지금 당장 상승할 종목을 찾은 것은 아니다. 좋은 종목이더라도, 한참 시간이 지난 이후에 상승하는 경우도 매우 많다. 그렇다면, 상승 확률이 높은 이 종목들을 언제 사면 좋을지 정해야만 한다. 저항선을 돌파하거나 아니면 신고가를 갱신하거나 추세선을 돌파할 때 산다면, 상승 확률이 더욱 높아질 것이다. 단순히 좋은 종목을 고르는 것만이 투자의 전부가 아니다. 좋은 종목을 언제 사느냐가 수익을 결정짓기 마련이다.

이제 마지막 한 단계가 남았다. 그것은 목표 가격과 손절 가격이다. 여기서 더 중요한 것은 손절 가격이다(목표 가격은 뒤에서 다시 다루겠다). 기술적 투자라고 가정한다면, 특정 지지선이나 추세선이 깨지거나 생각했던 가격 범위를 벗어났을 때 손절을 해야만 한다. 아무리 좋은 종목과 시기를 정했다고 해도, 하락할 확률은 언제나 존재하기 때문이다. 문제는 그 손절 가격이 얼마인가이다. 만약에 내가 고른 종목을 10,000원에 사기로 했다고 가정해 보자. 가격이 10,000원에 도달하였다. 매수를 하려고 하기 전에, 당연히 손절 가격을 먼저 정하여야 할 것이다. 차트를 보니, 지지선이 7,000원에 존재하여 그 가격에 손절해야 나의 기준에 맞는 투자라면, 이 경우는 사야 할까? 만약 이 투자를 실행한다면, 투자에 실패했을 경우 손실금이 투자금의 30%에 해당한다. 만약 목표 가격이 12,000원이라면, 손익비가 좋지 않다. 그리고 30%의 손실금 역시 적은 금액이 아니다. 이렇게 손익비가 좋지 않다면, 좋은 종목이나 좋은 매수 시기여도 매수해서는 안 된다.

이렇게 종목의 순위를 정하고, 두 번째로 그 종목들의 매수 가격을 정하자. 매수 가격에 도착했을 때 목표 가격과 손절 가격을 마지막으로 확인하여, 손익비와 리스크를 확인한 후 투자를 실행해야만 한다. 이 3가지 조건에 해당되는 투자만 한다면, 투자는 어렵지 않다. 다만 이 3가지 조건을 실행하기 위해서는, 기술적 분석 능력을 갖추기 위해 노력해야만 한다.

⑩ 너무나 쉬운 추세 추종 기술

추세 추종 전략을 강조하면, 추세를 파악하는 게 더 어렵다는 사람들이 많이 있다. 앞서 설명했지만, 추세 추종 전략은 상승 추세에서 매수를 적극적으로 하고, 하락 추세에는 매도를 적극적으로 하는 전략이다. 사실 이 전략의 핵심은 언제를 상승 추세로 판단하고, 또 언제를 하락 추세로 판단하는지에 달려 있다.

사실 이런 투자 전략을 세우는 가장 좋은 방법은 상승 추세가 나왔을 때와 하락 추세가 나왔을 때의 과거 차트를 살펴보는 것이다. 상승 추세에서 캔들은 어떤 것들이 나왔는지, 보조 지표의 움직임은 어떠했는지, 거래량이 어떻게 발생했는지, 차트 패턴은 어떠했는지 등을 확인하는 것이다. 각자 직접 살펴보고 추세를 판단하는 기준을 세우는 것이 가장 좋다. 하지만 조금의 도움을 위해 내가 사용하는 보편적인 추세를 판단하는 기준을 알려 주겠다.

첫째, 박스권을 이탈하는 장대양봉이 출현했을 경우

특정 종목이 박스권에서 움직이다 급격한 상승으로 박스권을 이탈하며, 장대양봉이 발생했다면, 상승 추세가 시작될 가능성이 크다. 보통 박스권을 이탈하여 장대양봉이 발생하면, 비싸다는 생각이 먼저 든다. 몇 달간 만 원이었던 상품이 오늘 만 삼천 원이면 당연히 비싸다는 생각이 든다.

그래서 대부분의 투자자는 매도를 하지만, 추세적으로만 본다면 박스권에 머물던 가격이 갑자기 급등했다는 것은 상승 추세가 시작될 가능성이 크다는 것이다.

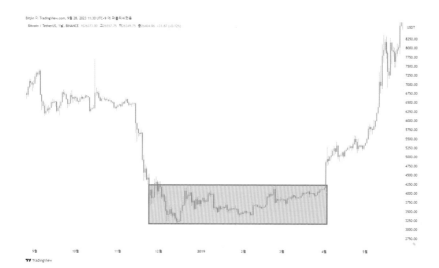

· 박스권 이탈 후 급등한 비트코인 차트

둘째, 평균 거래량의 3배 이상을 동반한 장대양봉이 출현했을 경우

갑자기 거래량이 급등하며 가격이 상승하게 되면, 이것은 무언가 차트의 변화가 있음을 암시하며, 동시에 이 종목에 신규 자금이 입금되었다는 것을 의미한다. 신규 자금이 갑자기 유입되는 것은, 이후 더 많은 자금이 유입될 가능성이 커진다. 다만 같은 날 큰 상승과 하락이 함께 발생하는 단타 작전주들도 많이 있다. 특히 코인 시장에서 이런 일이 자주 발생한다. 그래서 꼭 종가까지 기다려 장대양봉으로 마감된 이후에 매수해야만, 상승 추세 가능성이 커진다.

· 거래량 급등 후 본격적인 상승을 시작하는 에코프로 차트

셋째, 상승 추세가 조정을 거친 이후, 전고점을 돌파할 때

앞서 얘기했던 박스권을 뚫는 큰 장대양봉이나 많은 거래량의 동반 없이 상승 추세가 나오는 경우도 있다. 상승을 지켜보며 기다리다 보면, 그 상승 파동은 언젠가 조정이 나올 것이다. 절대 조정이 나올 때 사라는 얘기가 아니다. 그 조정이 하락 추세로 이어질 수도 있다.

· 조정 이후 전고점을 돌파하며 싱승세를 이어 나가는 가가오 치트

조정이 나온 이후 이전 고점을 돌파한다면, 상승 추세가 지속될 가능성이 가장 큰 지점이다. 그때 매수하는 것이 추세 추종 전략의 정석이다.

간단하게 정리한 이런 추세 추종 전략을 무조건 믿고 사용하란 얘기가 아니다. 이러한 전략을 알았으면 지금부터 여러분이 해야 할 일은 과거의 차트를 확인하며, 이렇게 투자했을 때 수익이 가능한지 또는 더 확률을 높일 수 있는 조건들은 어떤 것들이 있는지 찾아보는 것이다. 그렇게 확인하고 검증한 것만이 여러분이 오랜 기간 사용할 수 있는 추세 판단 기준이 될 것이다.

⑪ 나만의 매도 전략

앞서 매수하는 조건과 추세 추종 기술에 대해서 설명했다. 사실 이것보다 더 중요한 것은 매도를 언제 하느냐이다. 매도의 중요성은 책의 서두에 이미 설명한 바 있다. 그렇게 오랫동안 투자한 나조차도, 아직도 매수보다는 매도가 더 어렵다. 매수 이후 손절 가격을 정하는 것은 올라오는 과정이 존재하기 때문에, 올라오면서 나타났던 차트의 움직임을 바탕(ex. 지지, 추세선 등)으로 기준을 정할 수 있다. 가장 어려운 것은 아직 올라간 적이 없는 미지의 가격에서 목표 가격을 정하는 것이다.

목표 가격을 정하는 효과적인 방법은, 사용하는 원칙의 과거 결괏값들을 모아, 적절한 목표 가격을 정하는 것이다. 이 말은 원칙을 정하고, 그 원칙이 과거에 수익이 났는지 확인함과 동시에, 수익이 났다면 얼마큼 났는지, 그 평균 수익을 확인하는 것이다. 그 평균 수익을 바탕으로 효과적인 목표 가격을 정할 수 있다. 중요한 것은 어떠한 매매 방식을 사용하느냐에 따라, 과거의 평균 수익이 다르기 때문에, 여러 가지 매매 원칙을 사용한다면, 각각의 목표 가격을 정하는 방식은 달라야만 한다.

일반적으로 국내 주식시장과 가상 자산 시장에서 내가 가장 많이 사용하는 매도 방법은, 1차 목표 가격을 매수 이후 주가가 20~30% 올랐을 때로 정한다. 그 이유는 그 시장들의 변동성과 내가 추구하는 매매 원칙의 결괏값이 과거 차트를 통해 확인해 봤을 때, 이 수치가 가장 적절하다고 판단했기 때문이다. 문제는 시장의 변동성은 항상 바뀐다. 같은 시장이어도 시장의 변동성이 클 때가 있고 작을 때가 있다. 시장의 변동성이 평균보다 작을 때는 20%, 변동성이 클 때는 30%를 1차 목표 가격으로 정한다. 그리고 1차 목표 가격에 도달하면, 가지고 있는 주식 수량의 50% 이하로만 매도한다.

그럼 이후 최종 목표 가격은 어떻게 해야 할까? 대부분 최종 목표가는 상승 추세가 꺾인 이후(추세 추종에 따라)를 기준으로 한다. 그래서 최종 목표 가격은 처음부터 정하지 않는다. 그리고 1차 목표가 도착 이후 다시 진입 가격까지 떨어진다면 전량을 매도한다. '1차 목표 가격'이라는 의미가 최소 이만큼은 오를 가능성이 크다는 의미이기 때문에, 다시 진입 가격까지 돌아온다면, 이미 유의미한 결과를 얻었기 때문에, 투자를 종료해야만 한다.

여기서 하나 고려해야 할 사항이 있다. 손익비가 좋은 거래를 하기 위해서는, 손실보다 수익이 많은 거래를 해야 한다고 말했다. 만약 주식시장에서 20%의 상승을 1차 목표 가격으로 정하고 거래를 한다면, 1차 목표 가격에서 반을 매도하고 이후 진입 가격까지 떨어졌을 때 실제로 가지는 이익은 20%의 반에 해당하는 10%이다. 그렇다면 손익비 좋은 거래를 하기 위해서는, 손절 가격이 -10%를 넘지 않아야만 한다. 만약 내가 어떤 종목을 사려고 할 때 적절하다고 생각한 손절 가격 -10%보다 더 높다면, 그 종목은 포기하는 것이 좋다. 손익비가 나쁜 거래가 되기 때문이다. 이 정도의 손익비로 많은 수익을 내기 어려울 수도 있다. 하지만, 1차 목표 가격에 도달한 이후에도 지속적인 상승을 하는 종목에서는 많은 이익을 취할 수 있다. 시속적으로 상승할 때는 하락 추세가 나올 때까지 기다려야만 한다. 최고점을 찾기 위한 노력이 아니라, 하락 추세가 발생하는 기준을 정해 두고 기다리는 것이다. 실제로 나는 2020년 가상 자산의 상승장에서 한 종목으로만 1,100% 이상의 수익 달성을 인증한 바 있다. 물론 추세 추종에 따라, 하락 추세를 확인한 이후 700% 정도의 수익으로 마감했지만, 최고점에 팔지 못했더라도 엄청난 수익을 얻을 수 있다.

| 보유코인 | 거래내역 | 미체결 | 입출금대기 |

보유 KRW	**32,165,768** KRW	총 보유자산	**61,169,817** KRW
총매수금액	7,250,000 KRW	총평가손익	21,754,049 KRW
총평가금액	29,004,049 KRW	총평가수익률	+300.06 %

* KRW로 환산한 추정값 ?

● KRW	52.6%
● ENJ	15.4%
● JST	4.5%
● HUNT	4.1%
● SC	4.0%
● LTC	3.9%
● ETC	3.6%
● KNC	3.4%
● MPT	2.3%
● 기타	6.3%

보유 비중 (%)

보유코인 목록

비상장/소액 코인 숨기기 (평가금액 (만원) 미만)

보유코인	보유수량	매수평균가 ▼	매수금액 ▼	평가금액 ▼	평가손익(%) ▼	
엔진코인 ENJ	1,913.26530612 ENJ	392 KRW 소결	750,000 KRW	9,470,663 KRW	+1,162.76 % +8,720,663 KRW	주문 ▾
라이트코인 LTC	8.08117932 LTC	61.872 KRW 소결	500,001 KRW	2,371,826 KRW	+374.37 % +1,871,826 KRW	주문 ▾
카이버네트워크 KNC	480.76923077 KNC	1,040 KRW 소결	500,001 KRW	2,091,346 KRW	+318.27 % +1,591,346 KRW	주문 ▾
저스트 JST	15,000.00000000 JST	50.00 KRW 소결	750,000 KRW	2,730,000 KRW	+264.00 % +1,980,000 KRW	주문 ▾

· 2021년 4월 10일 실제 방송 화면

　주식 또한 이와 같은 방법으로 200% 이상의 수익을 달성한 적이 있다. 결국 나의 대부분의 수익은 상승 추세에 올라타 상승 추세가 끝날 때까지 기다린 종목에서 발생했다. 10번의 거래가 있었다면, 나의 대부분의 수익은 10번 중 단 한 번의 거래에서 발생했다. 나머지 9번은 작은 수익과 작은 손실이 반복되는 것이다. 그 9번의 과정을 잘 거쳐야만 많은 이익을 얻을 수 있는 한 번의 기회가 찾아오는 것이다. 그렇게 큰 이익을 한 번만 만들게 되면, 그 경험을 바탕으로 엄청난 손익비를 경험하는 일이 자주 있을 것이다.

⑫ 패턴 매매 사용법

투자의 경험이 조금이라도 있는 사람이라면 헤드앤숄더 패턴 정도는 들어 봤을 것이다. 헤드앤숄더 패턴뿐만 아니라, 쐐기형 패턴, 삼각형 패턴, 쌍바닥 패턴 등 수많은 패턴이 존재한다. 패턴에 따라 상승하는 패턴과 하락하는 패턴 등으로 구분된다. 그렇다면 이런 패턴들은 어떻게 만들어졌을까? 패턴들이 만들어진 이유는 바로 과거의 차트 때문이다.

헤드앤숄더 패턴은 이름에서 나와 있다시피, 왼쪽 어깨와 어깨보다 높은 머리, 그리고 머리보다 낮은 오른쪽 어깨가 나오면 하락할 가능성이 큰 헤드앤숄더 패턴이라는 의미이다. 이런 패턴이 정의 내려진 이유는 과거의 차트에서 이런 헤드앤숄더 모양의 패턴이 하락할 확률이 더 높았기 때문이다. 다시 말해 패턴이 만들어진 과정은, 과거 차트에서 비슷하게 움직인 차트들을 나열하고, 그 차트들의 유사한 형태를 모아, 하나의 특정한 패턴으로 정의를 내린 것이다. 그런 패턴들이 투자에서 확률적 이득이 있었기 때문에, 특정 패턴이라는 이름으로 우리에게 알려진 것이다. 그럼 이런 여러 종류의 패턴이 조금 더 높은 확률을 가지게 된 이유는 무엇일까? 이것을 단순한 우연이라고 볼 수 있을까?

이것은 투자자의 심리와 직결되어 있다. 앞서 많은 예를 들어, 시장은 개인 투자자들이 많이 잃는 방향으로 움직일 가능성이 크다고 말해 왔다. 그렇다면 패턴의 움직임에 따라, 개인 투자자들이 매수하고 싶은 욕구가 더 높다면, 그 패턴은 하락할 확률이 높고, 개인 투자자들이 매도하고 싶은 욕구가 더 높다면, 그 패턴은 상승할 확률이 높은 것이다.

패턴은 이처럼 과거 차트를 통한 백테스트와 투자자의 심리와 관련한 논리를 기반으로 하기 때문에 확률적 유리함을 갖는다. 그렇다고 패턴이 만능은 아니다. 전 세계이 차트 패턴들을 분석하여 나온 데이터에 따르면(어떤 차트를 얼마나 보았느냐에 따라 결괏값은 차이가 있다) 확률적 승률은 60% 전후이다. 생각보다 승률이 낮다고 생각할 수도 있지만, 만약 같은 손익비의 승률이 60%라면, 정말 꾸준하게 투자할 경우 엄청난 부자가 될 수 있는 수치이다. 문제는 이렇게 확률적으로 유리한 패턴을 잘못 사용하는 경우가 매우 많다는 것이다.

첫 번째는 패턴이 완성되기도 전에 추측하는 것이다.

'이번에는 헤드앤숄더 패턴일 것 같아!'

이렇게 여러분이 생각했다면, 패턴을 매우 잘못 사용하고 있는 것이다. 일단 패턴은 과거 차트를 보고 확률 높은 데이터를 정의 내린 것이라 했다. 바꿔 말해 과거의 차트들에서 이미 헤드앤숄더 패턴이 만들어진 것을 보고 확률을 구한 것이다.

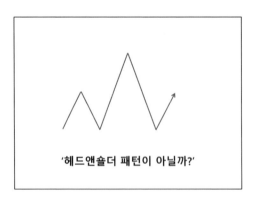

'헤드앤숄더 패턴이 아닐까?'

· 패턴을 이용하는 잘못된 예시

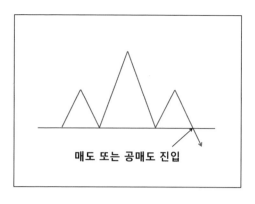

· 패턴을 이용하는 올바른 예시

그렇다면 현재 차트에서 헤드앤숄더 패턴이 만들어지기 전에 판단하는 것은 확률적 이득이 전혀 없다. 즉, 앞서 말한 '~일 것 같아!'라는 표현이 나올 수 없는 것이다. 결국 헤드앤숄더 패턴이 완성된 이후에 매도를 해야 확률적 이득을 가져갈 수 있다.

두 번째는 패턴, 즉 헤드앤숄더 패턴인지 구별해 내는 것이 능력이라고 생각하는 것이다. 예를 들면, 헤드앤숄더 패턴이 완성되었다. 그래서 공매도 포지션을 취했는데 가격이 상승했다면, 헤드앤숄더 패턴이 아니었던 것이 아니라, 헤드앤숄더 패턴이었지만 가격이 오른 것이다. 당연히 40%(승률이 60%라는 가정하에)는 틀릴 확률이 있었기 때문에 헤드앤숄더 패턴이어도 가격이 오를 수 있다. 이것은 패턴을 잘못 본 것이 아니라, 올바른 패턴 투자를 통해 손실을 보는 경우일 뿐이다. 개인 투자자들이 패턴을 통해 투자하는 형태를 보면, 내가 생각하는 패턴이 맞는지 아닌지, 구별하는 데에 집중한다. 사실 패턴의 정의는 매우 단순하기 때문에 구별하는 것은 어렵지 않다. 어떤 사람들은 특정 패턴이 확실하다며, 전 재산을 투자하기도 한다. 그렇다면 전 재산을 잃을지도 모른다. 패턴이 맞아도 다른 방향으로 가는 것은 흔히 있는 일이기 때문이다. 패턴을 이용한 투자의 올바른 방법은 패턴이 완성되었을 경우, 손실을 볼 가능성을 염두에 두고, 지속적으로 투자를 이어 나가는 것이다.

세 번째는 패턴을 단순히 그림 맞추기로 접근해서는 안 된다는 것이다. 많은 개인 투자자가 실수하는 점이 이전 추세를 고려하지 않는 것이다. 패턴은 이전 추세에 따라 3가지로 분류할 수 있다. 추세 전환 패턴, 추세 가속 패턴, 독립성 패턴이다.

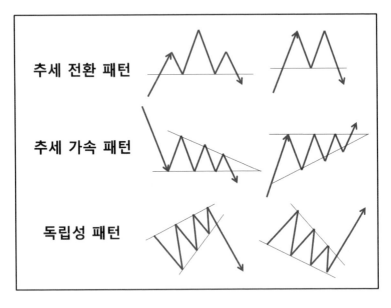

· 패턴의 이전 추세에 따른 분류

추세 전환 패턴은 더블탑 패턴이나 헤드앤숄더 패턴과 같이 이전 상승(하락) 추세에서 하락(상승) 추세로 바뀌면서 발생하는 패턴이다. 추세 가속 패턴은 상승 삼각형 패턴과 하락 삼각형 패턴과 같이 이전 상승(하락) 추세에서 추가 상승(하락)으로 이어지는 패턴이다. 독립성 패턴은 쐐기형 패턴과 같이 이전 추세와 무관하게 발생하는 패턴이다. 이런 고려 없이 무분별하게 그림에 꿰맞추어서는 안 된다. 이 패턴들은 개인의 투자 심리에 기반하고 있기 때문에, 이전 추세에 따라 개인의 심리는 다르게 반영된다. 이전 추세를 무시한다면, 패턴은 아무 의미가 없다. 실제로 패턴을 과학적으로 분석한 해외 서적이나 전문 자료에는 이전 추세를 명확하게 표기하고 있다. 하지만 이런 자료들이 인터넷상에서 무분별하게 퍼지면서, 이전 추세가 사라지고 왜곡되는 경우가 많다. 이 책을 보는 여러분만이라도 패턴을 이용할 때 꼭 이전 추세를 고려하길 바란다.

⑬ 프랙털(Fractal) 바로 알기

패턴 매매를 이해했다면, 바로 따라오는 것이 바로 프랙털(Fractal)이다. 투자에서 프랙털은 '단순히 과거의 패턴이 반복되는 것'이라고 생각하는 사람들이 많다. 사실 프랙털의 사전적 의미는 작은 구조들이 모여, 전체 구조가 비슷한 형태로 반복되는 것을 의미한다.

위의 그림을 보면 이해가 빠르다. 그림에서 패턴의 크기는 차트에서는 기간이 된다. 결국 이런 프랙털을 차트에 대입하면, 시간 프레임은 상관없다는 의미로 볼 수 있다. 1시간봉에서 나온 패턴과 일봉에서 나온 패턴이 유사하더라도 프랙털이라고 할 수 있다는 것이다.

이 프랙털을 패턴 매매 다음에 설명하는 이유는 패턴 매매와 프랙털 매매가 유사한 방식이기 때문이다. 패턴 매매는 과거 비슷하게 움직인 차트들을 모아 하나의 패턴으로 정의를 내린 것이다. 하지만 단순하게 정의를 내리지 못했지만, 확률적으로 이득을 볼 수 있는 복잡한 패턴들도 존재할 것이다. 그런 복잡한 패턴을 과거의 차트에서 찾아보는 것이 바로 프랙털을 보고 투자하는 방식의 원리가 된다.

만약 그런 방식으로 현재의 차트와 비슷한 과거의 차트를 찾았다고 해도, 과거 차트의 파동을 보고 예측하여 투자해서는 안 된다. 복잡한 패턴은 파동의 크기와 길이가 같을 수 없고, 파동의 횟수도 동일하다는 보장이 없다. 다만 앞서 강조한 패턴이 완성되고 매매하는 것과 같이, 이 프랙털이 완성되는 조건을 설정하는 것이 중요하다.

현재의 차트와 비슷한 과거의 차트를 찾았다면, 그 차트가 방향성을 가지는 시기를 체크하고, 현재의 차트에서 비슷한 상황이 나올 때 투자하는 것이다.

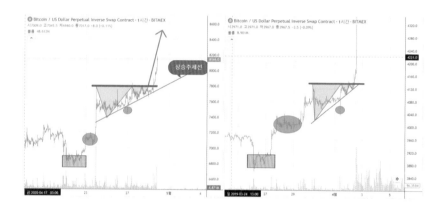

· 2020년 비트코인 차트(좌)와 2019년 비트코인 차트(우)

위 차트는 2020년에 교육을 위해 내가 트레이딩뷰(tradingview.com)에 업로드했던 프랙털로 본 차트이다. 왼쪽이 2020년 비트코인 차트이고, 오른쪽이 2019년 비트코인 차트이다. 이 두 차트가 앞의 박스와 동그라미, 그리고 이후 발생한 상승 삼각형과 직전에 나온 아랫꼬리 캔들까지 매우 유사했다. 하지만 이 유사한 것을 발견하자마자 매수하는 것이 아니라, 이 패턴이 완성되는 조건을 먼저 설정하는 것이다. 위와 같은 경우 빨간색 저항선을 돌파하면, 이 프랙털이 완성될 가능성이 크라고 설정했다. 그 의미는 빨간색 저항선을 돌파했을 때 매수할 수 있다는 의미이다. 과거 2019년에는 4,000달러대에서 13,000달러까지 상승했었고, 2020년 이 프랙털 교육 자료를 업로드한 이후 비트코인은 8천 달러에서 6만 달러까지 상승을 이어 갔다.

이렇듯 프랙털은 과거의 비슷한 패턴을 찾는 것과 함께, 프랙털을 확정짓는 시기에 투자해야 한다. 만약 과거의 비슷한 패턴을 찾았다고 하더라도, 이후 그 차트가 큰 방향성이 없다면, 그 프랙털을 이용해 투자하기는 어렵다. 프랙털의 모든 파동이 일치하는 것이 아니기 때문이다. 또 이렇게 프랙털을 이용하는 투자 방법은 과거의 시장을 경험하는 데에도 많은 도움을 준다. 비슷한 차트가 어떤 시기에 발생하는지 찾아보는 것만으로도, 과거 차트의 경험을 간접적으로 할 수 있기 때문이다.

프랙털을 찾을 때, 차트의 종류는 어떤 종목에서 찾더라도 무관하다. 패턴은 종목에 따라 다른 것이 아니라, 결국 개인 심리에 따라 움직이기 때문이다(같은 종목이라면 조금 더 유리할 수는 있다). 그런 과정이 반복되다 보면, 차트를 분석하는 도중, 과거에 봤던 차트의 기억이 떠오르는 경우가 종종 생길 것이다. 그런 경험들이 쌓이면서 수익이 날 가능성이 점점 커지게 될 것이다.

⑭ 다이버전스란 무엇인가?

투자에서 중요한 요소 중 하나는 다이버전스이다. 앞서 얘기했듯이 보조 지표는 캔들의 부산물에 불과하다. 하지만 그 보조 지표가 다이버전스를 나타낸다면 얘기는 다르다. 이번에는 다이버전스에 대해 자세히 알아보자. 먼저 다이버전스의 사전적 의미는 '차이'를 뜻한다. 이 차이는 바로 주가와 보조 지표의 차이다.

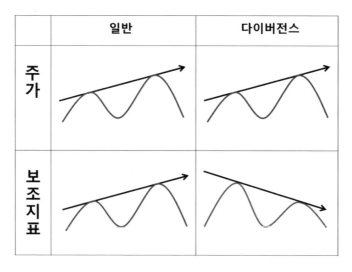

· 일반적인 차트와 다이버전스가 나타난 차트

주가의 고점(저점)을 연결하고, 보조 지표의 고점(저점)을 연결하여 그 차이가 있을 때, 다이버전스가 발생했다고 말한다. 쉽게 설명하면 상승 추세(하락 추세)에서 주가의 진행 방향과 보조 지표의 진행 방향이 다른 것이다.

그럼 상승 추세에서 이렇게 주가와 보조 지표의 진행 방향 차이가 발생했다는 것은 무엇을 의미할까? 원래는 같아야 할 주가와 보조 지표의 진행 방향에 차이가 생겼다는 것은 무언가 차트에 변화가 생겼다는 것을 의미한다. 차트가 상승 추세였다면, 그 변화는 하락 추세로 바뀔 확률이 높아졌다고 판단하는 것이다. 그래서 다이버전스는 추세 전환 매매 원칙에 유용하게 사용된다.

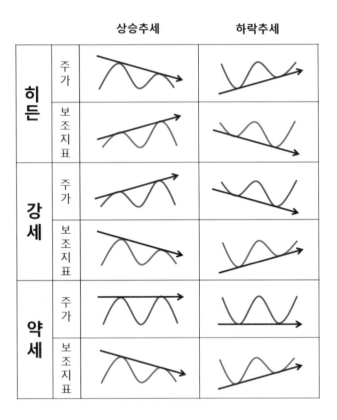

다이버전스는 이렇게 여러 종류가 있다. 히든, 강세, 약세의 순으로 확률적으로 유리하지만, 이런 것을 여러분이 누군가에게 설명할 것이 아니라면, 굳이 다 외울 필요는 없다. 저 다이버전스의 종류를 자세히 들여다보면, 결국 주가와 보조 지표 진행 방향의 각도 차이가 얼마나 나느냐에 따라, 추세 전환이 발생할 확률이 높은 다이버전스로 분류한 것이다.

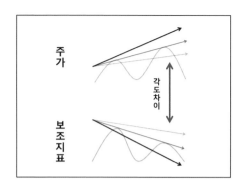

주가와 보조 지표의 각 고점(저점)을 이은 선의 각도 차이가 더 벌어질수록 추세 전환의 확률이 더 높다는 것만 기억하면 쉽다.

보통 여기서 사용하는 보조 지표로는 상대 강도 지수(RSI), 머니 플로우(MFI), 스토캐스틱(Stochastics) 등이 있다. 이것 말고도 여러분이 사용하는 보조 지표를 대입하여, 나만의 다이버전스 전략을 만들 수도 있다. 또한 다이버전스를 찾을 때 하나의 보조 지표에 의존하는 것은 좋지 않다. 여러 가지의 보조 지표를 함께 활용하여, 그 보조 지표들이 모두 다이버전스 조건을 충족할 때 투자를 하는 것이 확률을 높일 수 있다.

다만, 여기서 투자자들이 가장 많이 실수하는 것이 하나 있다. 다이버전스의 중요한 성립 조건은 바로 고점(저점)과 고점(저점)을 연결했을 때이다.

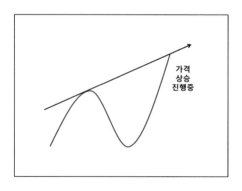

그런데 위의 그림처럼 아직 상승이 진행 중인 상황에서 고점을 가정하고 다이버전스를 확인한다. 위의 그림은 아직 현재 가격이 고점인지 판단할 수 없기 때문에 다이버전스를 확인해 볼 대상이 아닌 것이다. 이렇게 가격이 상승 중이거나 하락 중에 판단하는 것은, 이미 고점(저점)이라는 가정을 두는 것이기 때문에 이런 편향적 사고를 가진 상태에서 다이버전스를 확인하는 것은 아주 잘못된 투자 습관이다. 이런 편향적 사고는 지속되는 상승(하락) 추세에서 끝없는 오류를 발생하게 한다.

그래서 이와 같이 가격이 고점(저점)을 찍고 꺾인 이후에 다이버전스를 체크하는 습관을 가져야만 한다.

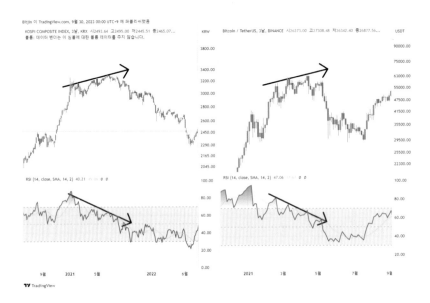

· 2021년 KOSPI(좌)와 비트코인(우) 차트, 보조 지표 RSI(아래)

나는 2021년 실제로 위 KOSPI와 비트코인 차트에서 다이버전스를 확인하고, 코스피 인버스 상품(코스피 지수 하락 시 수익이 나는 상품)과 비트코인 공매도를 이용해 많은 수익을 올렸다. 물론 이런 다이버전스 또한 추세 전환 확률이 높아지는 것이지, 필승 전략은 아니다. 이런 다이버전스뿐만 아니라, 앞서 기술적 분석에서 다뤘던 여러 가지 기초적인 내용을 가지고 충분히 확률 높은 매매 전략들을 만들 수 있다. 내가 사용하는 대부분의 매매 전략 또한 이 기준에서 크게 벗어나지 않는다. 이런 기술적 분석과 함께 원칙을 이어 나갈 투자 마인드, 리스크를 줄이는 자금 관리까지, 이 세 가지의 역량을 함께 키워 나간다면, 여러분이 다수의 돈을 잃는 개인 투자자에 포함되는 일은 없을 것이다.

개인 투자자는 모르는
투자의 감춰진 진실

1판 1쇄 발행 2023년 12월 6일

저자 빗진

교정 주현강 **편집** 김다인 **마케팅·지원** 김혜지

펴낸곳 (주)하움출판사 **펴낸이** 문현광

이메일 haum1000@naver.com **홈페이지** haum.kr
블로그 blog.naver.com/haum1000 **인스타그램** @haum1007

ISBN 979-11-6440-465-0(03320)

좋은 책을 만들겠습니다.
하움출판사는 독자 여러분의 의견에 항상 귀 기울이고 있습니다.
파본은 구입처에서 교환해 드립니다.